Cucina Sous Vide per Principianti

Scopri la Magia della Cottura a Bassa Temperatura

Marco Bianchi

Sommario

Divini involtini di granchio al limone e aglio 9
Polpo carbonizzato condito con salsa al limone 11
Spiedini di gamberi alla creola 13
Gamberi con salsa piccante 15
Halibut con scalogno e dragoncello 17
Burro alle erbe Limone cod 19
Macchina di squadra con Beurre Nantais 21
Salsiccia dolce e uva 23
Costolette dolci con salsa di mango 25
Braciole dolci e zucchine con mandorle 27
Braciole di maiale fritte con paprika e mais 29
Lombo di maiale cremoso al cognac 31
Stinco di maiale al pomodoro con carote 33
Braciola di maiale con salsa al caffè speziata 35
Filetto piccante 37
Braciole di maiale salate con funghi 38
Zuppa di pancetta e crema di mais 40
Spiedini di maiale al cumino e aglio 42
Ottime braciole di maiale al balsamico 44
Cavolo rosso e patate con salsiccia 45
Filetto di maiale alle mandorle 47
Piacevole maiale in salsa verde 49
Costolette di maiale piccanti al cocco 51
Succose costolette per barbecue 53

Filetti di maiale all'aglio	55
Filetto di maiale al timo salato e aglio	56
Braciole di maiale con salsa di funghi	58
Salsicce di mele dolci	60
Tacos di maiale all'arancia dolce	61
Carnitas messicane di maiale con salsa Roja	63
Tacos di pollo al peperoncino e chorizo con formaggio	65
Pollo con verdure	67
Pollo al miele piccante facile	69
Classico cordon bleu di pollo	71
Pollo fritto croccante fatto in casa	73
Petti di pollo piccanti	75
Involtini di lattuga salati con pollo al peperoncino allo zenzero	77
Petti di pollo aromatici al limone	79
Pollo alla senape e aglio	81
Un pollo intero	82
Deliziose ali di pollo con salsa di bufala	83
Deliziose cosce di pollo con salsa agrodolce	84
Petto di pollo con salsa cajun	86
Petto di pollo Sriracha	87
Pollo al prezzemolo con salsa al curry	88
Petto di pollo glassato al parmigiano	89
Pollo macinato con pomodori	90
Stufato di pollo con funghi	91
Il petto di pollo No-Sear più semplice	93
Cosce di pollo all'arancia	94

Pollo al timo con limone	96
Insalata di pollo alla paprika	97
Un pollo intero	99
Cosce di pollo piccanti semplici	101
alette di pollo "Buffalo	102
Polpettine di pollo tritate	104
Cosce di pollo con purea di carote	105
Pollo al limone con menta	107
Pollo con marmellata di ciliegie	108
Cosce di pollo piccanti dolci	109
Petti di pollo ripieni	111
Pollo fresco	113
Cosce di pollo alla mediterranea	115
Petto di pollo con salsa Harissa	116
Pollo all'aglio con funghi	117
Cosce di pollo alle erbe	119
Budino di pollo con cuori di carciofi	121
Zucca al burro di mandorle e insalata di pollo	123
Insalata di pollo e noci	125
Costolette di vitello al pepe con funghi di pino	127
Costolette di vitello	129
Vitello speziato al Porto	130
Vitello Portobello	132
Sugo di vitello	134
Fegato di vitello di Digione	136
Costolette di agnello all'africana con albicocche	138
Costolette di agnello alla menta con noci	140

Carrè di agnello marinato in senape e miele 142
Polpette di agnello con salsa allo yogurt 144
Riso piccante di spalla di agnello 146
Bistecche di agnello al peperoncino ricoperte di semi di sesamo
.... 148
Agnello dolce con salsa di senape 149
Agnello alla menta e limone 151
Costolette di agnello al limone con salsa chimichurri 153
Stinco di agnello con verdure e salsa dolce 155
Spezzatino di pancetta e agnello 157
Costolette di agnello al limone pepate con chutney di papaya 159
Spiedini di agnello piccanti 161
Agnello alle erbe con verdure 163
Carré di agnello all'aglio 165
Carrè di agnello incrostato di erbe 167
Famosi spiedini di agnello e ciliegie sudafricani 170
Curry di agnello e paprika 172
Formaggio di capra Costolette di agnello 174
Spalla di agnello 176
Agnello arrosto jalapeño 178
Costolette di agnello alla griglia con timo e salvia 180
Costolette di agnello con chimichurri al basilico 182
Spiedini di agnello Harissa salati 184
Maiale alla senape dolce con cipolle croccanti 186
Deliziose braciole di maiale al basilico e limone 188
Costolette con salsa cinese 190
Stufato di maiale e fagioli 192

Costolette di maiale alla coque 194
Braciole di maiale al balsamico 195
Costolette di maiale disossate con salsa di cocco e arachidi 197
Filetto di maiale al lime e aglio 199
Costolette di maiale alla griglia 201
Filetto d'acero con mela fritta 202
Pancia di maiale alla paprika affumicata 204
Maiale Tacos Carnitas 205
Gustoso maiale con senape e glassa di melassa 206
Collo di maiale arrosto 208
Costolette di maiale 210
Costolette di maiale al timo 211
Cotolette di maiale 212
Braciole di salvia e sidro 213
Filetto al rosmarino 215
Pancetta alla paprika con cipolline 216

Divini involtini di granchio al limone e aglio

Tempo di preparazione + cottura: 60 minuti | Porzioni: 4

ingredienti

4 cucchiai di burro

1 chilo di polpa di granchio bollita

2 spicchi d'aglio, tritati

Scorza e succo di ½ limone

½ tazza di maionese

1 finocchio, tritato

Sale e pepe nero a piacere

4 panini spaccati, oliati e tostati

Istruzioni

Preparare un bagnomaria e metterci dentro il Sous Vide. Impostare a 137 F. Unire aglio, scorza di limone e 1/4 di tazza di succo di limone. Mettere la polpa di granchio in un sacchetto sigillabile sottovuoto con il composto di burro e limone. Rilasciare l'aria utilizzando il metodo dello spostamento dell'acqua, chiudere e immergere la busta a bagnomaria. Cuocere per 50 minuti.

Quando il timer si ferma, rimuovere la busta e trasferirla in una ciotola. Scartare i succhi di cottura. Unire la polpa di granchio con il restante succo di limone, maionese, finocchio, aneto, sale e pepe. Riempire gli involtini con la miscela di polpa di granchio prima di servire.

Polpo carbonizzato condito con salsa al limone

Tempo di preparazione + cottura: 4 ore 15 minuti | Porzioni: 4

ingredienti

5 cucchiai di olio d'oliva

Tentacoli di polpo da 1 libbra

Sale e pepe nero a piacere

2 cucchiai di succo di limone

1 cucchiaio di scorza di limone

1 cucchiaio di prezzemolo fresco tritato

1 cucchiaino di timo

1 cucchiaio di paprika

Istruzioni

Preparare un bagnomaria e metterci dentro il Sous Vide. Impostare a 179 F. Tagliare i tentacoli in pezzi medi. Condire con sale e pepe. Mettere le lunghezze in un sacchetto sottovuoto con olio d'oliva. Rilasciare l'aria utilizzando il metodo dello spostamento dell'acqua, chiudere e immergere la busta a bagnomaria. Cuocere per 4 ore.

Quando il timer si è fermato, togliere il polpo e asciugarlo con un canovaccio. Scartare i succhi di cottura. Cospargere di olio d'oliva sopra.

Riscalda la griglia a fuoco medio e friggi i tentacoli per 10-15 secondi per lato. Accantonare. Mescolare bene il succo di limone, la scorza di limone, la paprika, il timo e il prezzemolo. Completare con il polpo con salsa al limone.

Spiedini di gamberi alla creola

Tempo di preparazione + cottura: 50 minuti | Porzioni: 4

ingredienti

Scorza e succo di 1 limone

6 cucchiai di burro

2 spicchi d'aglio, tritati

Sale e pepe bianco a piacere

1 cucchiaio di condimento creolo

1 kg e mezzo di gamberetti

1 cucchiaio di aneto fresco macinato + per la decorazione

Fette di limone

Istruzioni

Preparare un bagnomaria e metterci dentro il Sous Vide. Impostare a 137F.

Sciogli il burro in una casseruola a fuoco medio e aggiungi l'aglio, il condimento creolo, la scorza e il succo di limone, sale e pepe. Cuocere per 5 minuti fino a quando il burro si sarà sciolto. Mettere da parte e lasciare raffreddare.

Metti i gamberi con il composto di burro in un sacchetto sottovuoto. Rilasciare l'aria utilizzando il metodo dello spostamento dell'acqua, chiudere e immergere la busta a bagnomaria. Cuocere per 30 minuti.

Quando il timer si è fermato, rimuovere i gamberi e asciugarli con un tovagliolo di carta. Scartare i succhi di cottura. Infilare i gamberi sopra il kabob e guarnire con aneto e una spruzzata di limone per servire.

Gamberi con salsa piccante

Tempo di preparazione + cottura: 40 minuti + tempo di raffreddamento | Porzioni: 5

ingredienti

2 libbre di gamberetti, sbucciati e sgranati
1 tazza di passata di pomodoro
2 cucchiai di salsa di rafano
1 cucchiaino di succo di limone
1 cucchiaino di salsa tabasco
Sale e pepe nero a piacere

Istruzioni

Preparare un bagnomaria e metterci dentro il Sous Vide. Impostare su 137 F. Mettere i gamberi in un sacchetto sigillabile sottovuoto. Rilasciare l'aria utilizzando il metodo di spostamento dell'acqua, sigillare e immergere il sacchetto nella vasca da bagno. Cuocere per 30 minuti.

Quando il timer si è fermato, rimuovere il sacchetto e trasferirlo in un bagno di acqua ghiacciata per 10 minuti. Lasciare indurire in frigorifero per 1-6 ore. Mescolare bene la passata di pomodoro, la salsa di rafano, la salsa di soia, il succo di limone, la salsa tabasco, sale e pepe. Servire i gamberi con la salsa.

Halibut con scalogno e dragoncello

Tempo di preparazione + cottura: 50 minuti | Porzioni: 2

Ingredienti:

Filetti di halibut da 2 libbre

3 rametti di foglie di dragoncello

1 cucchiaino di aglio in polvere

1 cucchiaino di cipolla in polvere

Sale e pepe bianco a piacere

2 ½ cucchiaini + 2 cucchiaini di burro

2 scalogni, sbucciati e tagliati a metà

2 rametti di timo

Fette di limone per la decorazione

Indicazioni:

Fare un bagno d'acqua, metterci dentro il Sous Vide e impostare a 124 F. Tagliare i filetti di halibut in tre pezzi e strofinare con sale, aglio in polvere, cipolla in polvere e pepe. Mettere i filetti, il dragoncello e 2 cucchiaini e mezzo di burro in tre sacchetti sottovuoto separati. Rilasciare l'aria utilizzando il metodo di spostamento dell'acqua e sigillare i sacchetti. Mettili a bagnomaria e fai bollire per 40 minuti.

Quando il timer si ferma, rimuovi e apri i sacchetti. Mettete la padella a fuoco basso e aggiungete il resto del burro. Una volta riscaldato, rimuovere la pelle del pollock e asciugarlo. Aggiungere l'halibut con lo scalogno e il timo e friggere fino a quando non diventa croccante sul fondo e sopra. Guarnire con fettine di limone. Servire con verdure al vapore.

Burro alle erbe Limone cod

Tempo di preparazione + cottura: 37 minuti | Porzioni: 6

ingredienti

8 cucchiai di burro

6 filetti di merluzzo

Sale e pepe nero a piacere

Scorza di ½ limone

1 cucchiaio di aneto fresco macinato

½ cucchiaio di erba cipollina fresca tritata

½ cucchiaio di basilico fresco macinato

½ cucchiaio di salvia fresca macinata

Istruzioni

Preparare un bagnomaria e metterci dentro il Sous Vide. Impostare a 134 F. Condire il merluzzo con sale e pepe. Mettere il merluzzo e la scorza di limone in un sacchetto sottovuoto.

Mettere il burro, metà dell'aneto, l'erba cipollina, il basilico e la salvia in un sacchetto separato sottovuoto. Rilasciare l'aria utilizzando il metodo di spostamento dell'acqua, chiudere e immergere entrambe le buste in un bagno d'acqua. Cuocere per 30 minuti.

Quando il timer si è fermato, rimuovere il merluzzo e asciugarlo con un tovagliolo di carta. Scartare i succhi di cottura. Rimuovere il burro dalla seconda busta e versarlo sul merluzzo. Guarnire con l'aneto rimanente.

Macchina di squadra con Beurre Nantais

Tempo di preparazione + cottura: 45 minuti | Porzioni: 6

Ingredienti:

Cernia:

2 libbre di uva, tagliata in 3 pezzi

1 cucchiaino di cumino in polvere

½ cucchiaino di aglio in polvere

½ cucchiaino di cipolla in polvere

½ cucchiaino di coriandolo in polvere

¼ tazza di condimento per pesce

¼ tazza di olio di noci pecan

Sale e pepe bianco a piacere

Beurre Blanc:

1 libbra di burro

2 cucchiai di aceto di mele

2 scalogni, tritati

1 cucchiaino di pepe tritato

5 once di panna,

Aggiungi sale a piacere

2 rametti di aneto

1 cucchiaio di succo di limone

1 cucchiaio di zafferano in polvere

Indicazioni:

Fai un bagno d'acqua, mettici dentro il Sous Vide e impostalo a 132 F. Condisci i pezzi d'uva con sale e pepe bianco. Mettere in un sacchetto sigillabile sottovuoto, rilasciare l'aria utilizzando il metodo di spostamento dell'acqua, sigillare e immergere il sacchetto in un bagno d'acqua. Impostare il timer per 30 minuti. Mescolare cumino, aglio, cipolla, coriandolo e condimento per il pesce. Accantonare.

Nel frattempo preparate il beurre blanc. Metti la padella a fuoco medio e aggiungi lo scalogno, l'aceto e il pepe. Bollire per fare lo sciroppo. Abbassa il fuoco e aggiungi il burro, sbattendo tutto il tempo. Aggiungere l'aneto, il succo di limone e lo zafferano in polvere, mescolare continuamente e cuocere per 2 minuti. Aggiungere la panna e aggiustare di sale. Cuocere per 1 minuto. Spegnere il fuoco e mettere da parte.

Quando il timer si è fermato, rimuovere e aprire il sacchetto. Metti la padella a fuoco medio, aggiungi l'olio di noci pecan. Asciugare l'uva e le spezie con una miscela di spezie e friggerle in olio riscaldato. Servire l'uva e il beurre nantais con spinaci al vapore.

Salsiccia dolce e uva

Tempo di preparazione + cottura: 1 ora e 20 minuti | Porzioni: 4

ingredienti

2 ½ tazze di uva bianca senza semi con i gambi rimossi
1 cucchiaio di rosmarino fresco tritato
2 cucchiai di burro
4 salsicce italiane dolci intere
2 cucchiai di aceto balsamico
Sale e pepe nero a piacere

Istruzioni

Preparare un bagnomaria e metterci dentro il Sous Vide. Impostare a 160F.

Mettere l'uva, il rosmarino, il burro e le salsicce in un sacchetto sottovuoto. Rilasciare l'aria utilizzando il metodo dello spostamento dell'acqua, chiudere e immergere la busta a bagnomaria. Cuocere per 60 minuti.

Quando il timer si è fermato, togliere le salsicce e trasferire i succhi di zuppa e l'uva in una casseruola a fuoco medio. Versare l'aceto balsamico e cuocere per 3 minuti. Condire con sale e pepe.

Riscaldare la padella a fuoco medio e friggere le salsicce per 3-4 minuti. Servire con salsa e uva.

Costolette dolci con salsa di mango

Tempo di preparazione + cottura: 36 ore 25 minuti | Porzioni: 4

ingredienti

4 chili di costine di maiale

Sale e pepe nero a piacere

1 tazza di succo di mango

¼ tazza di salsa di soia

3 cucchiai di miele

1 cucchiaio di pasta di peperoncino e aglio

1 cucchiaio di zenzero macinato

2 cucchiai di olio di cocco

1 cucchiaino di cinque spezie cinesi in polvere

1 cucchiaino di coriandolo macinato

Istruzioni

Preparare un bagnomaria e metterci dentro il Sous Vide. Impostare a 146F.

Condire le costine con sale e pepe e metterle in un sacchetto sottovuoto. Rilasciare l'aria utilizzando il metodo dello spostamento dell'acqua, chiudere e immergere la busta a bagnomaria. Cuocere per 36 ore. Quando il timer si è fermato, rimuovere le costole e asciugarle. Scartare i succhi di cottura.

Riscalda una pentola a fuoco medio e cuoci il succo di mango, la salsa di soia, il peperoncino, la pasta d'aglio, il miele, lo zenzero, l'olio di cocco, le cinque spezie e il coriandolo per 10 minuti finché non bolle. Condire le costine con la salsa. Trasferire su una teglia e cuocere per 5 minuti in un forno a 390 F.

Braciole dolci e zucchine con mandorle

Tempo di preparazione + cottura: 3 ore 15 minuti | Porzioni: 2

ingredienti

2 filetti di maiale

Sale e pepe nero a piacere

3 cucchiai di olio d'oliva

1 cucchiaio di succo di limone appena spremuto

2 cucchiaini di aceto di vino rosso

2 cucchiaini di miele

2 cucchiai di olio d'oliva

2 zucchine di media grandezza, tagliate a striscioline

2 cucchiai di mandorle tostate

Istruzioni

Preparare un bagnomaria e metterci dentro il Sous Vide. Impostare a 138 F. Mettere il maiale stagionato in un sacchetto sigillabile sottovuoto. Aggiungere 1 cucchiaio di olio d'oliva. Rilasciare l'aria utilizzando il metodo dello spostamento dell'acqua, chiudere e immergere la busta a bagnomaria. Cuocere per 3 ore.

Mescolare succo di limone, miele, aceto e 2 cucchiai di olio d'oliva. Condire con sale e pepe. Quando il timer si ferma, rimuovere la busta e gettare i succhi di cottura. Scaldare l'olio di riso in una padella a fuoco alto e friggere la carne di maiale per 1 minuto per lato. Togliere dal fuoco e lasciare riposare per 5 minuti.

Per l'insalata, mescolare le zucchine con il condimento in una ciotola. Condire con sale e pepe. Trasferire il maiale in un piatto e servire con le zucchine. Guarnire con le mandorle.

Braciole di maiale fritte con paprika e mais

Tempo di preparazione + cottura: 1 ora e 10 minuti | Porzioni: 4

ingredienti

4 braciole di maiale

1 peperoncino piccolo, a dadini

1 cipolla gialla piccola, a dadini

2 tazze di chicchi di mais surgelati

¼ tazza di coriandolo

Sale e pepe nero a piacere

1 cucchiaio di timo

4 cucchiai di olio vegetale

Istruzioni

Preparare un bagnomaria e metterci dentro il Sous Vide. Impostare a 138 F. Cospargere la carne di maiale con sale e metterla in un sacchetto sigillabile sottovuoto. Rilasciare l'aria utilizzando il metodo dello spostamento dell'acqua, chiudere e immergere la busta a bagnomaria. Cuocere per 1 ora.

Scaldare l'olio in una padella a fuoco medio e soffriggere la cipolla, la paprika e il mais. Condire con sale e pepe. Mescolare il coriandolo e il timo. Accantonare. Quando il timer si ferma, rimuovere la carne di maiale e trasferirla nella padella calda. Friggere per 1 minuto su ciascun lato. Servire il maiale con verdure fritte.

Lombo di maiale cremoso al cognac

Tempo di preparazione + cottura: 4 ore 50 minuti | Porzioni: 4

ingredienti

3 chili di filetto di maiale disossato

Aggiungi sale a piacere

2 cipolle affettate sottilmente

¼ di tazza di cognac

1 tazza di latte

1 tazza di crema di formaggio

Istruzioni

Preparare un bagnomaria e metterci dentro il Sous Vide. Impostare a 146 F. Condire il maiale con sale e pepe. Scaldare una padella a fuoco medio e friggere il maiale per 8 minuti. Accantonare. Mescolare la cipolla e soffriggere per 5 minuti. Aggiungere il cognac e portare a ebollizione. Lascia raffreddare per 10 minuti.

Mettere la carne di maiale, la cipolla, il latte e la panna in un sacchetto sottovuoto. Rilasciare l'aria utilizzando il metodo di spostamento dell'acqua, chiudere e immergere in un bagno d'acqua. Cuocere per 4 ore. Quando il timer si ferma, rimuovere la carne di maiale. Mettere da parte, tenere al caldo. Scaldare la pentola e versarvi il sugo di cottura. Mescolare per 10 minuti fino a quando bolle. Condire con sale e pepe. Affettare il maiale e condire con la salsa di panna per servire.

Stinco di maiale al pomodoro con carote

Tempo di preparazione + cottura: 48 ore 30 minuti | Porzioni: 4

ingredienti

2 stinchi di maiale

1 (14,5 once) può tagliare a dadini i pomodori con il succo

1 tazza di brodo di manzo

1 tazza di cipolla tritata finemente

½ tazza di finocchio tritato finemente

½ tazza di carote tritate finemente

Aggiungi sale a piacere

½ bicchiere di vino rosso

1 foglia di alloro

Istruzioni

Preparare un bagnomaria e metterci dentro il Sous Vide. Impostare a 149 F. Rimuovere il grasso della pancia dal gambo e metterlo in un sacchetto sigillabile sottovuoto. Aggiungere il resto degli ingredienti Rilasciare l'aria usando il metodo dello spostamento dell'acqua, chiudere e immergere la busta a bagnomaria. Cuocere per 48 ore.

Quando il timer si è fermato, rimuovere il braccio e gettare la foglia del cuscinetto. Prenota i succhi di zuppa. Metti lo stinco su una teglia e griglia per 5 minuti fino a doratura. Riscaldare la pentola a fuoco medio e aggiungere il sugo di cottura. Cuocere per 10 minuti fino a quando non si addensa. Condire il maiale con la salsa e servire.

Braciola di maiale con salsa al caffè speziata

Tempo di preparazione + cottura: 2 ore 50 minuti | Porzioni: 4

ingredienti

4 braciole di maiale con l'osso
1 cucchiaio di paprika in polvere
1 cucchiaio di caffè macinato
1 cucchiaio di zucchero di canna
1 cucchiaio di sale all'aglio
1 cucchiaio di olio d'oliva

Istruzioni

Preparare un bagnomaria e metterci dentro il Sous Vide. Impostare su 146 F. Mettere la carne di maiale in un sacchetto sigillabile sottovuoto. Rilasciare l'aria utilizzando il metodo dello spostamento dell'acqua, chiudere e immergere la busta a bagnomaria. Cuocere per 2 ore e 30 minuti.

Nel frattempo preparate la salsa mescolando bene la paprika in polvere, il caffè macinato, lo zucchero di canna e il sale all'aglio. Quando il timer si ferma, rimuovere la carne di maiale e asciugarla.

Condire il maiale con la salsa. Scaldare l'olio in una padella a fuoco alto e friggere la carne di maiale per 1-2 minuti per lato. Lasciare riposare per 5 minuti. Tagliare il maiale a fette e servire.

Filetto piccante

Tempo di preparazione + cottura: 3 ore 15 minuti | Porzioni: 4

Ioingredienti

Filetto di maiale da 1 chilo, tagliato
Aggiungi sale a piacere
½ cucchiaino di pepe nero
3 cucchiai di pasta di peperoncino

Istruzioni

Preparare un bagnomaria e metterci dentro il Sous Vide. Impostare a 146F.

Mescolare i filetti con sale e pepe e metterli in un sacchetto sottovuoto. Rilasciare l'aria utilizzando il metodo dello spostamento dell'acqua, chiudere e immergere la busta a bagnomaria. Cuocere per 3 ore.

Quando il timer si è fermato, rimuovere il maiale e spennellare con pasta di peperoncino. Riscaldare la griglia a fuoco alto e cuocere il filetto per 5 minuti fino a doratura. Lasciar riposare. Tagliare il filetto a fette e servire.

Braciole di maiale salate con funghi

Tempo di preparazione + cottura: 65 minuti | Porzioni: 2

ingredienti

2 braciole di maiale con l'osso tagliate spesse
Sale e pepe nero a piacere
2 cucchiai di burro, freddo
4 once di funghi selvatici misti
¼ tazza di sherry
½ tazza di brodo di manzo
1 cucchiaino di salvia
1 cucchiaio di marinata di bistecca
Aglio tritato per guarnire

Istruzioni

Preparare un bagnomaria e metterci dentro il Sous Vide. Impostato su 138F.

Mescolare la carne di maiale con sale e pepe e metterla in un sacchetto sottovuoto. Rilasciare l'aria utilizzando il metodo dello spostamento dell'acqua, chiudere e immergere la busta a bagnomaria. Cuocere per 45 minuti.

Quando il timer si ferma, rimuovere la carne di maiale e asciugarla. Scartare i succhi di cottura. Scaldare 1 cucchiaio di burro in una padella a fuoco medio e friggere il maiale per 1 minuto su ciascun lato. Trasferire in un piatto e mettere da parte.

Cuocere i funghi nella stessa padella calda per 2-3 minuti. Mescolare lo sherry, il brodo, la salvia e la marinata di bistecca fino a quando la salsa non si addensa. Aggiungere il burro rimanente e condire con sale e pepe; Mescolare bene. Condire il maiale con la salsa e guarnire con l'erba cipollina all'aglio per servire.

Zuppa di pancetta e crema di mais

Tempo di preparazione + cottura: 1 ora e 15 minuti | Porzioni: 4

ingredienti

4 spighe di grano, i chicchi rasati

4 cucchiai di burro

1 tazza di latte

1 foglia di alloro

Sale e pepe bianco a piacere

4 fette di pancetta cotte fino a renderle croccanti

2 cucchiai di erba cipollina macinata

Istruzioni

Preparare un bagnomaria e metterci dentro il Sous Vide. Impostato su 186F.

Unisci chicchi di mais, latte, pannocchie, 1 cucchiaio di sale, 1 cucchiaio di pepe bianco e alloro. Mettere in un sacchetto sottovuoto. Rilasciare l'aria utilizzando il metodo dello spostamento dell'acqua, chiudere e immergere la busta a bagnomaria. Cuocere per 1 ora.

Quando il timer si ferma, estrai il sacchetto e rimuovi le pannocchie di mais e l'alloro. Mettere il composto in un frullatore in modalità purea per 1 minuto. Se vuoi una consistenza diversa, aggiungi un po' di latte. Condire con sale e pepe. Guarnire la porzione con pancetta ed erba cipollina.

Spiedini di maiale al cumino e aglio

Tempo di preparazione + cottura: 4 ore 20 minuti | Porzioni: 4

ingredienti

1 chilo di spalla di maiale disossata, a cubetti

Aggiungi sale a piacere

1 cucchiaio di noce moscata macinata

1 cucchiaio di aglio tritato

1 cucchiaino di cumino

1 cucchiaino di coriandolo

1 cucchiaino di aglio in polvere

1 cucchiaino di zucchero di canna

1 cucchiaino di pepe nero appena macinato

1 cucchiaio di olio d'oliva

Istruzioni

Preparare un bagnomaria e metterci dentro il Sous Vide. Impostare a 149 F. Spennellare la carne di maiale con sale, aglio, noce moscata, cumino, coriandolo, pepe e zucchero di canna e metterla in un sacchetto sigillabile sottovuoto. Rilasciare l'aria utilizzando il metodo dello spostamento dell'acqua, chiudere e immergere la busta a bagnomaria. Cuocere per 4 ore.

Riscaldare la griglia a fuoco alto. Quando il timer si ferma, rimuovere la carne di maiale e trasferirla sulla griglia. Cuocere per 3 minuti fino a doratura.

Ottime braciole di maiale al balsamico

Tempo di preparazione + cottura: 3 ore 20 minuti | Porzioni: 2

ingredienti

2 braciole di maiale

Sale e pepe nero a piacere

1 cucchiaio di olio d'oliva

4 cucchiai di aceto balsamico

2 cucchiaini di rosmarino fresco, tritato

Istruzioni

Preparare un bagnomaria e metterci dentro il Sous Vide. Impostare a 146F.

Mescolare la carne di maiale con sale e pepe e metterla in un sacchetto sottovuoto. Rilasciare l'aria utilizzando il metodo di spostamento dell'acqua, chiudere e immergere in un bagno d'acqua. Cuocere per 3 ore. Quando il timer si ferma, rimuovere la carne di maiale e asciugarla.

Scaldare l'olio d'oliva in una padella e friggere le costolette per 5 minuti fino a quando non saranno dorate. Aggiungere l'aceto balsamico e portare a ebollizione. Ripeti per 1 minuto. Impiattare e guarnire con rosmarino e condimento balsamico.

Cavolo rosso e patate con salsiccia

Tempo di preparazione + cottura: 2 ore 20 minuti | Porzioni: 4

ingredienti

½ testa di cavolo rosso, a fette
1 mela, tagliata a cubetti
24 once di patate rosse, in quarti
1 cipolla piccola, affettata
¼ di cucchiaino di sale di sedano
2 cucchiai di aceto di sidro
2 cucchiai di zucchero di canna
Pepe nero a piacere
1 chilo di salsiccia di suino affumicata precotta, affettata
½ tazza di brodo di pollo
2 cucchiai di burro

Istruzioni

Preparare un bagnomaria e metterci dentro il Sous Vide. Impostare a 186 F. Unire cavolo, patate, cipolla, mela, sidro, zucchero di canna, pepe nero, sedano e sale.

Mettere le salsicce e il composto in un sacchetto sottovuoto. Rilasciare l'aria utilizzando il metodo dello spostamento dell'acqua, chiudere e immergere la busta a bagnomaria. Cuocere per 2 ore.

Scaldare il burro in una casseruola a fuoco medio. Quando il timer si è fermato, rimuovi il sacchetto e trasferisci il contenuto nella pentola. Cuocere fino a quando il liquido evapora. Aggiungere il cavolo, la cipolla e le patate e friggere fino a doratura. Dividete il composto nei piatti da portata.

Filetto di maiale alle mandorle

Tempo di preparazione + cottura: 3 ore 20 minuti | Porzioni: 2

ingredienti

3 cucchiai di olio d'oliva

3 cucchiai di senape

2 cucchiai di miele

Sale e pepe nero a piacere

2 filetti di maiale con l'osso

1 cucchiaio di succo di limone

2 cucchiaini di aceto di vino rosso

2 cucchiai di olio di colza

2 tazze di lattuga mista

2 cucchiai di pomodori secchi tagliati a fettine sottili

2 cucchiaini di mandorle, tostate

Istruzioni

Preparare un bagnomaria e metterci dentro il Sous Vide. Impostato su 138F.

Unire 1 cucchiaio di olio d'oliva, 1 cucchiaio di miele e 1 cucchiaio di senape e condire con sale e pepe. Ungete la parte posteriore con il composto. Mettere in un sacchetto sottovuoto. Rilasciare l'aria utilizzando il metodo dello spostamento dell'acqua, chiudere e immergere la busta a bagnomaria. Cuocere per 3 ore.

Nel frattempo preparate il condimento mescolando succo di limone, aceto, 2 cucchiai di olio d'oliva, 2 cucchiai di senape e il resto del miele. Condire con sale e pepe. Quando il timer si è fermato, rimuovere il lombo. Scartare i succhi di cottura. Scaldare l'olio di colza in una padella a fuoco alto e friggere il lato per 30 secondi per lato. Lasciare riposare per 5 minuti.

Per l'insalata, mescolare in una ciotola la lattuga, i pomodori secchi e le mandorle. Mescolare 3/4 della salsa con la salsa di filetto a specchio e servire con l'insalata.

Piacevole maiale in salsa verde

Tempo di preparazione + cottura: 24 ore 25 minuti | Porzioni: 8)

ingredienti

2 libbre di spalla di maiale disossata, a dadini

Aggiungi sale a piacere

1 cucchiaio di cumino macinato

1 cucchiaino di pepe nero appena macinato

1 cucchiaio di olio d'oliva

1 chilo di tomatillos

3 peperoni poblano, senza semi e tagliati a dadini

½ aglio tritato finemente

1 Serrano, senza semi e tagliato a cubetti

3 spicchi d'aglio schiacciati

1 mazzetto di coriandolo tritato grossolanamente

1 tazza di brodo di pollo

½ tazza di succo di lime

1 cucchiaio di origano

Istruzioni

Preparare un bagnomaria e metterci dentro il Sous Vide. Impostare a 149 F. Condire il maiale con sale, cumino e pepe. Scaldare l'olio in una padella a fuoco alto e friggere il maiale per 5-7 minuti.

Accantonare. Nella stessa padella cuocere i tomatillos, il poblano, la cipolla, il serrano e l'aglio per 5 minuti. Trasferire in un robot da cucina e aggiungere coriandolo, succo di lime, brodo di pollo e origano. Mescolare per 1 minuto.

Mettere la carne di maiale e la salsa in un sacchetto sottovuoto. Rilasciare l'aria utilizzando il metodo dello spostamento dell'acqua, chiudere e immergere la busta a bagnomaria. Cuocere per 24 ore. Quando il timer si è fermato, rimuovere la busta e trasferirla nelle ciotole da portata. Cospargere di sale e pepe. Servire con riso.

Costolette di maiale piccanti al cocco

Tempo di preparazione + cottura: 8 ore 30 minuti | Porzioni: 4

ingredienti

1/3 di tazza di latte di cocco

2 cucchiai di burro di cocco

2 cucchiai di salsa di soia

2 cucchiai di zucchero di canna

2 cucchiai di vino bianco secco

1 gambo di citronella, tritato

1 cucchiaio di salsa Sriracha

1 cucchiaio di zenzero fresco grattugiato

2 spicchi d'aglio, affettati

2 cucchiaini di olio di sesamo

Costine di maiale disossate da 1 chilo

Coriandolo fresco tritato

Riso basmati cotto per servire

Istruzioni

Preparare un bagnomaria e metterci dentro il Sous Vide. Impostato su 134F.

In un robot da cucina, mescola il latte di cocco, il burro di cocco, la salsa di soia, lo zucchero di canna, il vino, la citronella, lo zenzero, la salsa sriracha, l'aglio e l'olio di sesamo fino a che liscio.

Mettere le costine e spennellare con il composto in un sacchetto sottovuoto. Rilasciare l'aria utilizzando il metodo dello spostamento dell'acqua, chiudere e immergere la busta a bagnomaria. Cuocere per 8 ore.

Quando il timer si è fermato, rimuovere le costole e trasferirle su un piatto. Scaldare la pentola a fuoco medio e versare il sugo di cottura. Far bollire per 10-15 minuti. Aggiungere le costine alla salsa e mescolare bene. Far bollire per 5 minuti. Guarnire con coriandolo e servire con riso.

Succose costolette per barbecue

Tempo di preparazione + cottura: 16 ore 50 minuti | Porzioni: 5

ingredienti

4 chili di costine di maiale

3 tazze e mezzo di salsa barbecue

⅓ tazza di passata di pomodoro

4 cipolle, tritate

2 cucchiai di prezzemolo fresco tritato

Istruzioni

Preparare un bagnomaria e metterci dentro il Sous Vide. Impostare a 162F.

Metti le singole costole in un sacchetto sigillabile sottovuoto con 3 tazze di salsa barbecue. Rilasciare l'aria utilizzando il metodo dello spostamento dell'acqua, chiudere e immergere la busta a bagnomaria. Cuocere per 16 ore.

Mescolare la restante salsa barbecue e la passata di pomodoro in una ciotola. Mettere da parte in frigo.

Quando il timer si è fermato, rimuovere le costine e asciugarle con un panno da cucina. Scartare i succhi di cottura.

Preriscalda il forno a 300 F. Spennellare le costole con salsa barbecue su entrambi i lati e trasferirle in forno. Cuocere per 10 minuti. Spennellate ancora con la salsa e infornate per altri 30 minuti. Guarnire con cipolla e prezzemolo e servire.

Filetti di maiale all'aglio

Tempo di preparazione + cottura: 2 ore 8 minuti | Porzioni: 3

Ingredienti:

1 chilo di filetto di maiale

1 tazza di brodo vegetale

2 spicchi d'aglio, tritati

1 cucchiaino di aglio in polvere

3 cucchiai di olio d'oliva

Sale e pepe nero a piacere

Indicazioni:

Preparare un bagnomaria, metterci dentro il Sous Vide e impostarlo a 136F.

Sciacquare bene la carne e asciugarla con carta assorbente. Strofinare con aglio in polvere, sale e pepe nero. Mettere in un sacchetto capiente sottovuoto con il brodo e l'aglio tritato. Chiudi il sacchetto e immergilo a bagnomaria. Cuocere per 2 ore. Rimuovere il filetto dalla busta e asciugarlo con un tovagliolo di carta.

Scaldare l'olio in una padella capiente. Rosolare il filetto per 2-3 minuti per lato. Affettare il maiale, metterlo su un piatto e versarvi sopra i succhi di pan. Servire.

Filetto di maiale al timo salato e aglio

Tempo di preparazione + cottura: 2 ore 25 minuti | Porzioni: 8

ingredienti

2 cucchiai di burro

1 cucchiaio di cipolla in polvere

1 cucchiaio di cumino macinato

1 cucchiaio di coriandolo

1 cucchiaio di rosmarino essiccato

Aggiungi sale a piacere

1 (3 chili) filetto di maiale, senza pelle

1 cucchiaio di olio d'oliva

Istruzioni

Preparare un bagnomaria e metterci dentro il Sous Vide. Impostare a 140F.

Unire cipolla in polvere, cumino, aglio in polvere, rosmarino e sale lime. Spennellare la carne di maiale prima con olio d'oliva e sale, poi con il composto di cipolle.

Mettere in un sacchetto sottovuoto. Rilasciare l'aria utilizzando il metodo dello spostamento dell'acqua, chiudere e immergere la busta a bagnomaria. Cuocere per 2 ore.

Quando il timer si è fermato, rimuovere il maiale e asciugarlo con un tovagliolo di carta. Scartare i succhi di cottura. Scaldare il burro in una padella a fuoco alto e friggere la carne di maiale per 3-4 minuti fino a doratura su tutti i lati. Lasciate raffreddare per 5 minuti e tagliate a medaglioni.

Braciole di maiale con salsa di funghi

Tempo di preparazione + cottura: 1 ora e 10 minuti | Porzioni: 3

Ingredienti:

3 braciole di maiale (8 once).

Sale e pepe nero a piacere

3 cucchiai di burro, non salato

6 once di funghi

½ tazza di brodo di manzo

2 cucchiai di salsa Worcestershire

3 cucchiai di erba cipollina tritata per guarnire

Indicazioni:

Fare un bagno d'acqua, metterci dentro il Sous Vide e impostare a 140 F. Strofinare le braciole di maiale con sale e pepe e metterle in un sacchetto sottovuoto. Rilasciare l'aria utilizzando il metodo dello spostamento dell'acqua, chiudere e immergere la busta a bagnomaria. Impostare il timer per 55 minuti.

Quando il timer si è fermato, rimuovere e aprire il sacchetto. Rimuovere la carne di maiale e asciugarla con un tovagliolo di carta. Scartare i succhi. Metti la padella a fuoco medio e aggiungi 1 cucchiaio di burro. Friggere il maiale per 2 minuti su entrambi i lati. Accantonare. Aggiungere i funghi nella padella ancora calda e cuocere per 5 minuti. Spegnere il fuoco, aggiungere il resto del burro e mescolare finché il burro non si scioglie. Condire con pepe e sale. Servire le braciole di maiale sopra la salsa di funghi.

Salsicce di mele dolci

Tempo di preparazione + cottura: 55 minuti | Porzioni: 4

ingredienti

¾ cucchiaino di olio d'oliva

4 salsicce italiane

4 cucchiai di succo di mela

Istruzioni

Preparare un bagnomaria e metterci dentro il Sous Vide. Impostare a 162F.

Mettere le salsicce e 1 cucchiaio di sidro per salsiccia in un sacchetto sigillabile sottovuoto. Rilasciare l'aria utilizzando il metodo dello spostamento dell'acqua, chiudere e immergere la busta a bagnomaria. Cuocere per 45 minuti.

Scaldare l'olio in una padella a fuoco medio. Quando il timer si ferma, togliere le salsicce e trasferirle nella padella e cuocere per 3-4 minuti fino a doratura.

Tacos di maiale all'arancia dolce

Tempo di preparazione + cottura: 7 ore 10 minuti | Porzioni: 8

ingredienti

½ tazza di succo d'arancia

4 cucchiai di miele

2 cucchiai di aglio fresco, tritato

2 cucchiai di zenzero fresco, tritato

2 cucchiai di salsa Worcestershire

2 cucchiaini di salsa hoisin

2 cucchiaini di salsa sriracha

Buccia di ½ arancia

Spalla di maiale da 1 kg

8 tortillas di farina, riscaldate

½ tazza di coriandolo fresco tritato

1 lime, tagliato a fette

Istruzioni

Preparare un bagnomaria e metterci dentro il Sous Vide. Impostare a 175F.

Mescolare bene il succo d'arancia, 3 cucchiai di miele, aglio, zenzero, salsa Worcestershire, salsa hoisin, Sriracha e scorza d'arancia.

Mettere la carne di maiale in un sacchetto sottovuoto e unirla alla salsa all'arancia. Rilasciare l'aria utilizzando il metodo dello spostamento dell'acqua, chiudere e immergere la busta a bagnomaria. Cuocere per 7 ore.

Quando il timer si è fermato, rimuovere il maiale e trasferirlo su una teglia. Prenota i succhi di cottura.

Riscaldare la pentola a fuoco medio e versare i succhi con il resto del miele. Cuocere per 5 minuti fino a quando bolle e ridotto della metà. Spennellare il maiale con la salsa. Farcire le tortillas con carne di maiale. Guarnire con coriandolo e aggiungere il resto della salsa per servire.

Carnitas messicane di maiale con salsa Roja

Tempo di preparazione + cottura: 49 ore 40 minuti | Porzioni: 8

ingredienti

3 cucchiai di olio d'oliva

2 cucchiai di scaglie di peperoncino

Aggiungi sale a piacere

2 cucchiaini di peperoncino piccante messicano in polvere

2 cucchiaini di origano essiccato

½ cucchiaino di cannella in polvere

2¼ chili di spalla di maiale disossata

4 pomodorini maturi, a cubetti

¼ di cipolla rossa, tritata

¼ tazza di foglie di coriandolo, tritate

Succo di limone appena spremuto

8 tortillas di mais

Istruzioni

Mescolare bene i fiocchi di paprika, il sale kosher, il peperoncino messicano piccante in polvere, l'origano e la cannella. Spennellare la miscela di peperoncino sul maiale e coprire con un foglio di alluminio. Lasciare raffreddare per 1 ora.

Preparare un bagnomaria e metterci dentro il Sous Vide. Impostare a 159 F. Mettere la carne di maiale in un sacchetto sigillabile sottovuoto. Rilasciare l'aria utilizzando il metodo di spostamento dell'acqua, chiudere e immergere in un bagno d'acqua. Cuocere per 48 ore. 15 minuti Prima della fine, mescolare i pomodori, la cipolla e il coriandolo. Aggiungere il succo di limone e il sale.

Quando il timer si ferma, rimuovi il sacchetto e trasferisci il maiale su un tagliere. Scartare i succhi di cottura. Tirare la carne fino a sminuzzarla. Scaldare l'olio vegetale in una padella a fuoco medio e friggere il maiale tritato fino a quando non diventano croccanti e croccanti. Farcire la tortilla con carne di maiale. Completare con la salsa roja e servire.

Tacos di pollo al peperoncino e chorizo con formaggio

Tempo di preparazione + cottura: 3 ore 25 minuti | Porzioni: 8

ingredienti

2 salsicce di maiale private del budello

1 peperone poblano, gambi e semi

½ peperoncino jalapeño, gambo e semi

4 cipolle, tritate

1 mazzetto di foglie di coriandolo fresco

½ tazza di prezzemolo fresco tritato

3 spicchi d'aglio

2 cucchiai di succo di lime

1 cucchiaino di sale

¾ cucchiaino di coriandolo macinato

¾ cucchiaino di cumino macinato

4 petti di pollo disossati e senza pelle, affettati

1 cucchiaio di olio vegetale

½ cipolla gialla affettata sottilmente

8 gusci di tacos di mais

3 cucchiai di provolone

1 pomodoro

1 lattuga iceberg, tritata

Istruzioni

Metti ½ tazza di acqua, pepe poblano, pepe jalapeño, scalogno, coriandolo, prezzemolo, aglio, succo di lime, sale, coriandolo e cumino in un frullatore e frulla fino a che liscio. Metti le strisce di pollo e il composto di peperoni in un sacchetto con chiusura sottovuoto. Trasferire in frigorifero e lasciare riposare per 1 ora.

Preparare un bagnomaria e metterci dentro il Sous Vide. Impostare a 141 F. Mettere la miscela di pollo nel bagno. Cuocere per 1 ora e 30 minuti.

Scaldare l'olio in una padella a fuoco medio e soffriggere la cipolla per 3 minuti. Aggiungere il chorizo e cuocere per 5-7 minuti. Quando il timer si ferma, rimuovi il pollo. Scartare i succhi di cottura. Aggiungere il pollo e mescolare bene. Farcite le tortillas con il composto di pollo e chorizo. Completare con formaggio, pomodoro e insalata. Servire.

Pollo con verdure

Tempo di preparazione + cottura: 2 ore 15 minuti | Porzioni: 2

Ingredienti:

1 chilo di petto di pollo, disossato e senza pelle

1 tazza di peperone rosso, affettato

1 tazza di peperone verde, affettato

1 tazza di zucchine, affettate

½ tazza di cipolla, tritata

1 tazza di cimette di cavolfiore

½ tazza di succo di limone appena spremuto

½ tazza di brodo di pollo

½ cucchiaino di zenzero macinato

1 cucchiaino di sale rosa dell'Himalaya

Indicazioni:

In una ciotola, mescolare il succo di limone con il brodo di pollo, lo zenzero e il sale. Mescolare bene e aggiungere le verdure a fette. Accantonare. Sciacquate bene il petto di pollo sotto l'acqua corrente fredda. Tagliare la carne a pezzetti con un coltello da cucina affilato.

Unire con altri ingredienti e mescolare bene. Trasferire in un grande sacchetto sigillabile sottovuoto e sigillare. Cuocere en Sous Vide per 2 ore a 167F. Servire subito.

Pollo al miele piccante facile

Tempo di preparazione + cottura: 1 ora e 45 minuti | Porzioni: 4

ingredienti

8 cucchiai di burro

8 spicchi d'aglio, tritati

6 cucchiai di salsa chili

1 cucchiaino di cumino

4 cucchiai di miele

Succo di 1 lime

Sale e pepe nero a piacere

4 petti di pollo disossati e senza pelle

Istruzioni

Preparare un bagnomaria e metterci dentro il Sous Vide. Impostato su 141F.

Riscalda la pentola a fuoco medio e aggiungi burro, aglio, cumino, salsa chili, zucchero, succo di lime e un pizzico di sale e pepe. Far bollire per 5 minuti. Mettere da parte e lasciare raffreddare.

Condire il pollo con sale e pepe e metterlo in 4 buste sottovuoto con la marinata. Rilasciare l'aria utilizzando il metodo dello spostamento dell'acqua, chiudere e immergere le buste a bagnomaria. Cuocere per 1 ora e 30 minuti.

Quando il timer si è fermato, rimuovere il pollo e asciugarlo con un tovagliolo di carta. Riservare metà dei succhi di cottura di ogni busta e trasferirli in una casseruola a fuoco medio. Cuocere fino a quando la salsa bolle, quindi aggiungere il pollo e cuocere per 4 minuti. Togliere il pollo e tagliarlo a fette. Servire con riso.

Classico cordon bleu di pollo

Tempo di preparazione + cottura: 1 ora e 50 minuti + tempo di raffreddamento | Porzioni: 4

ingredienti

½ tazza di burro
4 petti di pollo disossati e senza pelle
Sale e pepe nero a piacere
1 cucchiaino di pepe di cayenna
4 spicchi d'aglio, tritati
8 fette di prosciutto
8 fette di Emmental

Istruzioni

Preparare un bagnomaria e metterci dentro il Sous Vide. Impostare a 141 F. Condire il pollo con sale e pepe. Coprire con pellicola trasparente e arrotolare. Mettere da parte e lasciare raffreddare.

Scalda una pentola a fuoco medio e aggiungi pepe nero, pepe di cayenna, 1/4 di tazza di burro e aglio. Cuocere fino a quando il burro si scioglie. Trasferire in una ciotola.

Strofinare il pollo su un lato con la miscela di burro. Poi adagiate 2 fette di prosciutto e 2 fette di formaggio e coprite. Arrotolate ogni petto con la pellicola trasparente e trasferite in frigorifero per 2-3 ore o in freezer per 20-30 minuti.

Mettere il seno in due buste sottovuoto. Rilasciare l'aria utilizzando il metodo dello spostamento dell'acqua, chiudere e immergere le buste a bagnomaria. Cuocere per 1 ora e 30 minuti.

Quando il timer si è fermato, rimuovi i petti e rimuovi la plastica. Scaldare il burro rimanente in una padella a fuoco medio e friggere il pollo per 1-2 minuti per lato.

Pollo fritto croccante fatto in casa

Tempo di preparazione + cottura: 3 ore 20 minuti | Porzioni: 8)

ingredienti

½ cucchiaio di basilico essiccato

2¼ tazze di panna acida

8 cosce di pollo

Sale e pepe bianco a piacere

½ tazza di olio vegetale

3 tazze di farina

2 cucchiai di aglio in polvere

1 cucchiaio e mezzo di polvere di pepe rosso di cayenna

1 cucchiaio di senape essiccata

Istruzioni

Preparare un bagnomaria e metterci dentro il Sous Vide. Regolare a 156 F. Condire con sale di pollo e metterlo in un sacchetto sigillabile sottovuoto. Rilasciare l'aria utilizzando il metodo di spostamento dell'acqua, chiudere e immergere in un bagno d'acqua. Cuocere per 3 ore. Quando il timer si è fermato, rimuovere il pollo e asciugarlo con un tovagliolo di carta.

Unire sale, farina, aglio in polvere, pepe bianco, peperoncino di Caienna in polvere, senape, pepe bianco e basilico in una ciotola. Metti la panna acida in un'altra ciotola.

Immergi il pollo nella miscela di farina, poi nella panna acida e di nuovo nella miscela di farina. Scaldare l'olio in una padella a fuoco medio. Metti le betulle e cuoci per 3-4 minuti finché non diventano croccanti. Servire.

Petti di pollo piccanti

Tempo di preparazione + cottura: 1 ora e 40 minuti | Porzioni: 4

ingredienti

½ tazza di salsa chili

2 cucchiai di burro

1 cucchiaio di aceto bianco

1 cucchiaio di aceto di champagne

4 petti di pollo tagliati a metà

Sale e pepe nero a piacere

Istruzioni

Preparare un bagnomaria e metterci dentro il Sous Vide. Impostato su 141F.

Riscalda la pentola a fuoco medio e mescola la salsa chili, 1 cucchiaio di burro e l'aceto. Cuocere fino a quando il burro non si sarà sciolto. Accantonare.

Condire il pollo con sale e pepe e metterlo in due buste sottovuoto con il composto di peperoncino. Rilasciare l'aria utilizzando il metodo dello spostamento dell'acqua, chiudere e immergere le buste a bagnomaria. Cuocere per 1 ora e 30 minuti.

Quando il timer si è fermato, rimuovere il pollo e trasferirlo su una teglia. Scartare i succhi di cottura. Scaldare il burro rimanente in una padella a fuoco alto e friggere il pollo per 1 minuto per lato. Tagliare a listarelle. Servire con un'insalata.

Involtini di lattuga salati con pollo al peperoncino allo zenzero

Tempo di preparazione + cottura: 1 ora e 45 minuti | Porzioni: 5

ingredienti

½ tazza di salsa hoisin

½ tazza di salsa di peperoncino dolce

3 cucchiai di salsa di soia

2 cucchiai di zenzero grattugiato

2 cucchiai di zenzero macinato

1 cucchiaio di zucchero di canna

2 spicchi d'aglio, tritati

Succo di 1 lime

4 petti di pollo a cubetti

Sale e pepe nero a piacere

12 foglie di lattuga, sciacquate

⅛ tazza di semi di papavero

4 erba cipollina

Istruzioni

Preparare un bagnomaria e metterci dentro il Sous Vide. Impostare a 141 F. Unire salsa chili, zenzero, salsa di soia, zucchero di canna, aglio e succo di mezzo lime. Scaldare la pentola a fuoco medio e versare il composto. Far bollire per 5 minuti. Accantonare.

Condire i petti con sale e pepe. Mettili in uno strato uniforme in un sacchetto sigillabile sottovuoto con la miscela di salsa chili. Rilasciare l'aria utilizzando il metodo dello spostamento dell'acqua, chiudere e immergere la busta a bagnomaria. Cuocere per 1 ora e 30 minuti.

Quando il timer si è fermato, rimuovere il pollo e asciugarlo con un tovagliolo di carta. Scartare i succhi di cottura. Unire la salsa hoisin ai cubetti di pollo e mescolare bene. Impila 6 foglie di lattuga.

Dividi il pollo tra le foglie di lattuga e cospargilo di semi di papavero ed erba cipollina prima di avvolgerlo.

Petti di pollo aromatici al limone

Tempo di preparazione + cottura: 1 ora e 50 minuti | Porzioni: 4

ingredienti

3 cucchiai di burro

4 petti di pollo senza pelle disossati

Sale e pepe nero a piacere

Scorza e succo di 1 limone

¼ di tazza di panna

2 cucchiai di brodo di pollo

1 cucchiaio di foglie di salvia fresca tritate

1 cucchiaio di olio d'oliva

3 spicchi d'aglio, tritati

1/4 tazza di cipolla rossa, tritata

1 limone grande affettato sottilmente

Istruzioni

Preparare un bagnomaria e metterci dentro il Sous Vide. Impostare a 141 F. Condire il petto con sale e pepe.

Scaldare una casseruola a fuoco medio e unire il succo e la scorza di limone, la panna, 2 cucchiai di burro, il brodo di pollo, la salvia, l'olio d'oliva, l'aglio e la cipolla rossa. Cuocere fino a quando il burro non si sarà sciolto. Mettere i petti in due buste sottovuoto con il composto di limone e burro. Aggiungere le fette di limone. Rilasciare l'aria utilizzando il metodo di spostamento dell'acqua, sigillare e immergere i sacchetti nel bagno. Cuocere per 90 minuti.

Quando il timer si è fermato, rimuovere i petti e asciugarli con un tovagliolo di carta. Scartare i succhi di cottura. Scaldare il burro rimanente in una padella e friggere il petto per 1 minuto per lato. Tagliare il petto a listarelle. Servire con riso.

Pollo alla senape e aglio

Tempo di preparazione + cottura: 60 minuti | Porzioni: 5

Ingredienti:

Petto di pollo da 17 once

1 cucchiaio di senape di Digione

2 cucchiai di senape in polvere

2 cucchiaini di salsa di pomodoro

3 cucchiai di burro

1 cucchiaino di sale

3 cucchiaini di aglio tritato

¼ tazza di salsa di soia

Indicazioni:

Preparare un bagnomaria e metterci dentro il Sous Vide. Impostare a 150 F. Mettere tutti gli ingredienti in un sacchetto sigillabile sottovuoto e agitare per unire. Rilasciare l'aria utilizzando il metodo dello spostamento dell'acqua, chiudere e immergere la busta a bagnomaria. Impostare il timer per 50 minuti. Quando il timer si ferma, rimuovere il pollo e affettarlo. Servire caldo.

Un pollo intero

Tempo di preparazione + cottura: 6 ore 40 minuti | Porzioni: 6

Ingredienti:

1 pollo intero medio

3 spicchi d'aglio

3 once di gambi di sedano tritati

3 cucchiai di senape

Sale e pepe nero a piacere

1 cucchiaio di burro

Indicazioni:

Preparare un bagnomaria e metterci dentro il Sous Vide. Impostare a 150 F. Unire tutti gli ingredienti in un sacchetto sigillabile sottovuoto. Rilasciare l'aria utilizzando il metodo dello spostamento dell'acqua, chiudere e immergere il sacchetto nella vasca da bagno. Impostare il timer per 6 ore e 30 minuti. Al termine, lasciare raffreddare leggermente il pollo prima di tagliarlo.

Deliziose ali di pollo con salsa di bufala

Tempo di preparazione + cottura: 3 ore | Porzioni: 3

ingredienti

3 chili di ali di pollo al cappone
2 tazze e mezzo di salsa di bufala
1 mazzetto di prezzemolo fresco

Istruzioni

Preparare un bagnomaria e metterci dentro il Sous Vide. Impostato su 148F.

Condire le ali di cappone con sale e pepe. Mettilo in un sacchetto sottovuoto con 2 tazze di salsa di bufala. Rilasciare l'aria utilizzando il metodo dello spostamento dell'acqua, chiudere e immergere la busta a bagnomaria. Cuocere per 2 ore. Riscaldare il forno fino al termine.

Quando il timer si ferma, rimuovere le ali e trasferirle in una ciotola. Versare il resto della salsa di bufala e mescolare bene. Trasferisci le ali su una teglia foderata con un foglio di alluminio e copri con il resto della salsa. Cuocere per 10 minuti, girando almeno una volta. Guarnire con prezzemolo.

Deliziose cosce di pollo con salsa agrodolce

Tempo di preparazione + cottura: 14 ore 30 minuti | Porzioni: 8

ingredienti

¼ tazza di olio d'oliva

12 zampe di gallina

4 peperoni rossi, tritati

6 cipollotti, tritati

4 spicchi d'aglio, tritati

1 oz di zenzero fresco, tritato

½ tazza di salsa Worcestershire

¼ tazza di succo di lime

2 cucchiai di scorza di lime

2 cucchiai di zucchero

2 cucchiai di foglie di timo fresco

1 cucchiaio di pimento

Sale e pepe nero a piacere

1 cucchiaino di noce moscata macinata

Istruzioni

Metti peperoni, cipolle, aglio, zenzero, salsa Worcestershire, olio d'oliva, succo e scorza di lime, zucchero, timo, pimento, sale, pepe nero e noce moscata in un robot da cucina. e mescolare. Prenota 1/4 di tazza di salsa.

Mettere la salsa di pollo e lime in un sacchetto sigillabile sottovuoto. Rilasciare l'aria utilizzando il metodo di spostamento dell'acqua. Trasferire in frigorifero e lasciare marinare per 12 ore.

Preparare un bagnomaria e metterci dentro il Sous Vide. Impostare a 152 F. Sigillare e immergere il sacchetto nel bagno d'acqua. Cuocere per 2 ore. Quando il timer si è fermato, rimuovere il pollo e asciugarlo con un tovagliolo di carta. Scartare i succhi di cottura. Spennellare il pollo con la salsa al lime riservata. Scaldare una padella a fuoco alto e friggere il pollo per 30 secondi per lato.

Petto di pollo con salsa cajun

Tempo di preparazione + cottura: 1 ora e 55 minuti | Porzioni: 4

ingredienti

2 cucchiai di burro

4 petti di pollo senza pelle disossati

Sale e pepe nero a piacere

1 cucchiaino di cumino

½ tazza di marinata di pollo Cajun

Istruzioni

Preparare un bagnomaria e metterci dentro il Sous Vide. Impostare a 141 F. Condire i petti con sale e pepe e metterli in due sacchetti sottovuoto con la salsa cajun. Rilasciare l'aria utilizzando il metodo dello spostamento dell'acqua, chiudere e immergere le buste a bagnomaria. Cuocere per 1 ora e 30 minuti.

Quando il timer si ferma, rimuovi il pollo e asciugalo. Scartare i succhi di cottura. Scaldare il burro in una padella a fuoco alto e friggere il petto per 1 minuto per lato. Tagliare i petti e servire.

Petto di pollo Sriracha

Tempo di preparazione + cottura: 1 ora e 55 minuti | Porzioni: 4

ingredienti

8 cucchiai di burro, a cubetti

Petti di pollo senza pelle disossati da 1 chilo

Sale e pepe nero a piacere

1 cucchiaino di noce moscata

1 tazza e mezzo di salsa sriracha

Istruzioni

Preparare un bagnomaria e metterci dentro il Sous Vide. Impostato su 141F.

Condire i petti con sale, noce moscata e pepe e. mettere in due buste sottovuoto con la salsa sriracha. Rilasciare l'aria utilizzando il metodo dello spostamento dell'acqua, chiudere e immergere le buste a bagnomaria. Cuocere per 1 ora e 30 minuti.

Quando il timer si è fermato, rimuovere il pollo e asciugarlo con un tovagliolo di carta. Scartare i succhi di cottura. Scaldare il burro in una padella a fuoco alto e cuocere i petti per 1 minuto per lato. Tagliare i petti a pezzetti.

Pollo al prezzemolo con salsa al curry

Tempo di preparazione + cottura: 2 ore 35 minuti | Porzioni: 4

ingredienti

4 petti di pollo senza pelle disossati

Sale e pepe nero a piacere

1 cucchiaio di timo

1 cucchiaio di prezzemolo

5 tazze di salsa al curry al burro

Istruzioni

Preparare un bagnomaria e metterci dentro il Sous Vide. Impostato su 141F.

Condire il pollo con sale, timo, prezzemolo e pepe. Mettere in due buste sottovuoto con la salsa. Rilasciare l'aria utilizzando il metodo dello spostamento dell'acqua, chiudere e immergere le buste a bagnomaria. Cuocere per 1 ora e 30 minuti.

Quando il timer si è fermato, rimuovere il pollo e asciugarlo con un tovagliolo di carta. Prenota i succhi di zuppa. Riscaldare la pentola a fuoco alto e versare i succhi. Cuocere per 10 minuti fino a quando ridotto. Tagliare il pollo a pezzi e aggiungerli alla salsa. Cuocere per 2-3 minuti. Servire subito.

Petto di pollo glassato al parmigiano

Tempo di preparazione + cottura: 65 minuti | Porzioni: 4

Ingredienti:

2 petti di pollo, senza pelle e disossati
1 ½ tazza di pesto di basilico
½ tazza di noci di macadamia, macinate
¼ tazza di parmigiano grattugiato
3 cucchiai di olio d'oliva

Indicazioni:

Fai un bagno d'acqua, mettici dentro il Sous Vide e impostalo a 65 F. Taglia il pollo a pezzetti e ricopri con il pesto. Adagiare il pollo in due sacchetti sottovuoto separati senza coprirli.

Rilasciare l'aria utilizzando il metodo di spostamento dell'acqua e sigillare i sacchetti. Immergili a bagnomaria e imposta il timer per 50 minuti. Quando il timer si ferma, rimuovi e apri i sacchetti.

Trasferisci i pezzi di pollo in un piatto senza succhi. Cospargere con noci di macadamia e formaggio e coprire bene. Metti la padella a fuoco alto, aggiungi l'olio d'oliva. Quando l'olio è caldo, friggi rapidamente il pollo rivestito tutto intorno per 1 minuto. Scolare il grasso. Servire come antipasto.

Pollo macinato con pomodori

Tempo di preparazione + cottura: 100 minuti | Porzioni: 4

Ingredienti:

1 chilo di pollo macinato
2 cucchiai di passata di pomodoro
¼ tazza di brodo di pollo
¼ tazza di succo di pomodoro
1 cucchiaio di zucchero bianco
1 cucchiaino di timo
1 cucchiaio di cipolla in polvere
½ cucchiaino di origano

Indicazioni:

Preparare un bagnomaria e metterci dentro il Sous Vide. Impostare a 147F.

Mescolare tutti gli ingredienti tranne il pollo in una casseruola. Cuocere a fuoco medio per 2 minuti. Trasferire in un sacchetto sigillabile sottovuoto. Rilasciare l'aria utilizzando il metodo dello spostamento dell'acqua, chiudere e immergere il sacchetto nella vasca da bagno. Cuocere per 80 minuti. Al termine, rimuovere la busta e affettare. Servire caldo.

Stufato di pollo con funghi

Tempo di preparazione + cottura: 1 ora e 5 minuti | Porzioni: 2

Ingredienti:

2 cosce di pollo medie, senza pelle

½ tazza di pomodori arrostiti al fuoco, tagliati a dadini

½ tazza di brodo di pollo

1 cucchiaio di passata di pomodoro

½ tazza di funghi champignon, tritati

1 gambo medio di sedano

1 carota piccola, tritata

1 cipolla piccola, tritata

1 cucchiaio di basilico fresco, tritato

1 spicchio d'aglio, schiacciato

Sale e pepe nero a piacere

Indicazioni:

Fai un bagno d'acqua, mettici dentro il Sous Vide e impostalo a 129 F. Strofina le cosce con sale e pepe. Accantonare. Tagliare il gambo di sedano a pezzetti lunghi mezzo centimetro.

Mettete ora la carne in un sacchetto capiente sottovuoto con la cipolla, la carota, i funghi, il gambo di sedano ei pomodorini scottati al fuoco. Immergere la busta sigillata a bagnomaria e impostare il timer per 45 minuti.

Quando il timer si è fermato, rimuovere il sacchetto dal bagnomaria e aprirlo. La carne dovrebbe staccarsi facilmente dall'osso, quindi rimuovi le ossa.

Scaldare l'olio in una casseruola media e aggiungere l'aglio. Friggere per circa 3 minuti, mescolando continuamente. Aggiungere il contenuto della busta, il brodo di pollo e la passata di pomodoro. Portalo a ebollizione e riduci il fuoco a medio. Cuocere per altri 5 minuti, mescolando di tanto in tanto. Servire cosparso di basilico.

Il petto di pollo No-Sear più semplice

Tempo di preparazione + cottura: 75 minuti | Porzioni: 3

Ingredienti:

Petto di pollo da 1 libbra, disossato
Sale e pepe nero a piacere
1 cucchiaino di aglio in polvere

Indicazioni:

Fai un bagno d'acqua, imposta il Sous Vide e impostalo a 150F. Asciugare il petto di pollo e condirlo con sale, aglio in polvere e pepe. Mettere il pollo in un sacchetto sottovuoto, far uscire l'aria con il metodo dello spostamento d'acqua e sigillarlo.

Mettere in acqua e impostare il timer per cuocere per 1 ora. Quando il timer si è fermato, rimuovere e aprire il sacchetto. Rimuovi il pollo e lascialo raffreddare per un uso successivo.

Cosce di pollo all'arancia

Tempo di preparazione + cottura: 2 ore | Porzioni: 4

Ingredienti:

2 chili di cosce di pollo

2 peperoncini piccoli, tritati

1 tazza di brodo di pollo

1 cipolla, tritata

½ tazza di succo d'arancia appena spremuto

1 cucchiaino di estratto di arancia, liquido

2 cucchiai di olio vegetale

1 cucchiaino di miscela di condimento per barbecue

Guarnire con prezzemolo fresco

Indicazioni:

Fare un bagno d'acqua, impostare il Sous Vide e impostare a 167F.

Scaldare l'olio d'oliva in una pentola capiente. Aggiungere la cipolla tritata e soffriggere per 3 minuti a fuoco medio fino a renderla traslucida.

Mescolare il succo d'arancia con il peperoncino e l'estratto di arancia in un robot da cucina. Impulso fino a quando ben combinato.

Versare il composto nella pentola e abbassare la fiamma. Cuocere a fuoco lento per 10 minuti.

Ricopri il pollo con la miscela di condimento per barbecue e mettilo nella pentola. Aggiungere il brodo di pollo e cuocere fino a quando metà del liquido sarà evaporato. Trasferire in un grande sacchetto sigillabile sottovuoto e sigillare. Immergere la busta a bagnomaria e far bollire per 45 minuti. Quando il timer si è fermato, rimuovere il sacchetto dal bagnomaria e aprirlo. Guarnire con prezzemolo fresco e servire.

Pollo al timo con limone

Tempo di preparazione + cottura: 2 ore 15 minuti | Porzioni: 3

Ingredienti:

3 cosce di pollo

Sale e pepe nero a piacere

3 fette di limone

3 rametti di timo

3 cucchiai di olio d'oliva per friggere

Indicazioni:

Fai un bagno d'acqua, mettici dentro il Sous Vide e impostalo a 165 F. Condisci il pollo con sale e pepe. Completare con fette di limone e rametti di timo. Metterli in un sacchetto sigillabile sottovuoto, rilasciare l'aria utilizzando il metodo di spostamento dell'acqua e sigillare il sacchetto. Immergere in un sacchetto d'acqua e impostare il timer per 2 ore.

Quando il timer si è fermato, rimuovere e aprire il sacchetto. Scaldare l'olio d'oliva in una padella di ghisa a fuoco alto. Metti le cosce di pollo, con la pelle rivolta verso il basso, nella padella e friggi fino a doratura. Guarnire con spicchi di limone extra. Servire con riso cauli.

Insalata di pollo alla paprika

Tempo di preparazione + cottura: 1 ora e 15 minuti | Porzioni: 4

Ingredienti:

4 petti di pollo, disossati e senza pelle

¼ tazza di olio vegetale più tre cucchiai per insalata

1 cipolla media, sbucciata e tritata

6 pomodorini, dimezzati

Sale e pepe nero a piacere

1 tazza di lattuga, tritata

2 cucchiai di succo di limone appena spremuto

Indicazioni:

Fare un bagno d'acqua, impostare il Sous Vide e impostare a 149F.

Sciacquare bene la carne sotto l'acqua fredda e asciugarla con un tovagliolo di carta. Tagliare la carne a bocconcini e metterla in un sacchetto sottovuoto con ¼ di tazza di olio e sigillare. Immergi la borsa a bagnomaria. Quando il timer si è fermato, rimuovi il pollo dalla busta, asciugalo e lascialo raffreddare a temperatura ambiente.

Mescolare la cipolla, i pomodori e la lattuga in una ciotola capiente. Infine unire i petti di pollo e condire con tre cucchiai di olio, succo di limone e sale quanto basta. Guarnire con yogurt greco e olive. Tuttavia, è facoltativo. Servire freddo.

Un pollo intero

Tempo di preparazione + cottura: 7 ore 15 minuti | Porzioni: 6

Ingredienti:

1 (5 libbre) di pollo intero, griglia
5 tazze di brodo di pollo
3 tazze di peperoni misti a dadini
3 tazze di sedano, a dadini
3 tazze di porri, tritati
1 ¼ di cucchiaino di sale
1 ¼ cucchiaino di pepe nero
2 foglie di alloro

Indicazioni:

Fai un bagno d'acqua, mettici dentro il Sous Vide e imposta a 150 F. Condisci il pollo con sale.

Mettere tutti gli ingredienti elencati e il pollo in un sacchetto capiente sottovuoto. Rilasciare l'aria utilizzando il metodo di spostamento dell'acqua e sigillare il sacchetto sottovuoto. Immergiti in un bagno d'acqua e imposta il timer per 7 ore.

Coprire l'acqua con un sacchetto di plastica per ridurre l'evaporazione e annaffiare ogni 2 ore per il bagno. Quando il timer si è fermato, rimuovere e aprire il sacchetto. Preriscalda la griglia, rimuovi con cura il pollo e asciugalo. Metti il pollo nella griglia e friggi fino a quando la pelle diventa dorata. Lasciare riposare il pollo per 8 minuti, affettare e servire.

Cosce di pollo piccanti semplici

Tempo di preparazione + cottura: 2 ore 55 minuti | Porzioni: 6

Ingredienti:

Cosce di pollo da 1 libbra, con l'osso
3 cucchiai di burro
1 cucchiaio di pepe di cayenna
Aggiungi sale a piacere

Indicazioni:

Fai un bagno d'acqua, mettici dentro il Sous Vide e impostalo a 165 F. Condisci il pollo con pepe e sale. Mettere il pollo con un cucchiaio di burro in un sacchetto sottovuoto. Rilasciare l'aria utilizzando il metodo dello spostamento dell'acqua, chiudere e immergere la busta a bagnomaria. Impostare il timer per 2 ore e 30 minuti.

Quando il timer si ferma, rimuovi il sacchetto e aprilo. Preriscalda la griglia e sciogli il burro rimanente nel microonde. Ungete la griglia della griglia con parte del burro e spennellate il pollo con il burro rimanente. Friggere fino a quando il colore è marrone scuro. Servire come spuntino.

alette di pollo "Buffalo

Tempo di preparazione + cottura: 1 ora e 20 minuti | Porzioni: 6

Ingredienti:

3 chili di ali di pollo

3 cucchiaini di sale

2 cucchiaini di aglio tritato

2 cucchiai di paprika affumicata

1 cucchiaino di zucchero

½ tazza di salsa piccante

5 cucchiai di burro

2½ tazze di farina di mandorle

Olio d'oliva per friggere

Indicazioni:

Fare un bagno d'acqua, impostare il Sous Vide e impostare a 144F.

Unire le ali, l'aglio, il sale, lo zucchero e la paprika affumicata. Ricopri uniformemente il pollo. Mettere in un grande sacchetto sigillabile sottovuoto, rilasciare l'aria utilizzando il metodo di spostamento dell'acqua e sigillare il sacchetto.

Immergere in acqua. Impostare il timer per cuocere per 1 ora. Quando il timer si è fermato, rimuovere e aprire il sacchetto. Versare la farina in una ciotola capiente, aggiungere il pollo e mescolare per ricoprire.

Scaldare l'olio in una padella a fuoco medio, friggere il pollo fino a doratura. Rimuovere e mettere da parte. In un'altra padella, sciogliere il burro e aggiungere la salsa calda. Spennellare le ali con burro e salsa piccante. Servire come antipasto

Polpettine di pollo tritate

Tempo di preparazione + cottura: 3 ore 15 minuti | Porzioni: 5

Ingredienti:

Petto di pollo da ½ libbra, senza pelle e senza ossa

½ tazza di noci di macadamia, macinate

⅓ tazza di maionese all'olio d'oliva

3 cipolle verdi, tritate

2 cucchiai di succo di limone

Sale e pepe nero a piacere

3 cucchiai di olio d'oliva

Indicazioni:

Fai un bagno d'acqua, mettici dentro il Sous Vide e impostalo a 165 F. Metti il pollo in un sacchetto sigillabile sottovuoto, rilascia l'aria usando il metodo di spostamento dell'acqua e sigillalo. Metti la busta a bagnomaria e imposta il timer per 3 ore. Quando il timer si è fermato, rimuovere e aprire il sacchetto.

Tritare il pollo e aggiungerlo alla ciotola con gli altri ingredienti tranne l'olio d'oliva. Mescolare fino a che liscio e fare polpette. Scaldare l'olio d'oliva in una padella a fuoco medio. Aggiungere le bistecche e friggere fino a doratura su entrambi i lati.

Cosce di pollo con purea di carote

Tempo di preparazione + cottura: 60 minuti | Porzioni: 5

Ingredienti:

2 chili di cosce di pollo

1 tazza di carote, affettate sottilmente

2 cucchiai di olio d'oliva

¼ tazza di cipolla tritata finemente

2 tazze di brodo di pollo

2 cucchiai di prezzemolo fresco tritato

2 spicchi d'aglio schiacciati

Sale e pepe nero a piacere

Indicazioni:

Fai un bagno d'acqua, mettici dentro il Sous Vide e impostalo a 167 F. Lava le cosce di pollo sotto l'acqua corrente fredda e asciugale con carta assorbente. Accantonare.

Unire 1 cucchiaio di olio d'oliva, prezzemolo, sale e pepe in una ciotola. Mescolare bene e spennellare generosamente le cosce con il composto. Mettere in un sacchetto capiente sottovuoto e aggiungere il brodo di pollo. Premere la borsa per rimuovere l'aria. Chiudere il sacchetto e metterlo a bagnomaria e impostare il timer per 45 minuti. Quando il timer si è fermato, rimuovi le cosce dalla busta e asciugale tamponandole. Prenota il liquido di cottura.

Nel frattempo preparate le carote. Trasferire in un frullatore e frullare fino a ottenere una purea. Accantonare.

Scaldare il resto dell'olio d'oliva in una padella capiente a fuoco medio. Aggiungere l'aglio e la cipolla e soffriggere per circa 1-2 minuti o fino a renderli morbidi. Aggiungere le cosce di pollo e cuocere per 2-3 minuti, girando di tanto in tanto. Assaggia la cottura, regola i condimenti, quindi aggiungi il brodo. Portare a ebollizione e togliere dal fuoco. Trasferire le cosce su un piatto da portata e guarnire con la purea di carote e cospargere di prezzemolo.

Pollo al limone con menta

Tempo di preparazione + cottura: 2 ore 40 minuti | Porzioni: 3

Ingredienti:

1 chilo di cosce di pollo, disossate e senza pelle

¼ tazza di olio

1 cucchiaio di succo di limone appena spremuto

2 spicchi d'aglio schiacciati

1 cucchiaino di zenzero

½ cucchiaino di pepe di cayenna

1 cucchiaino di menta fresca, tritata

½ cucchiaino di sale

Indicazioni:

In una piccola ciotola, unisci l'olio d'oliva con il succo di limone, l'aglio, lo zenzero macinato, la menta, il pepe di cayenna e il sale. Spennellare abbondantemente ogni coscia con questa miscela e mettere in frigo per almeno 30 minuti.

Togli le cosce dal frigo. Mettere in un grande sacchetto sottovuoto e cuocere per 2 ore a 149F. Togliere dal sacchetto sottovuoto e servire subito con i cipollotti.

Pollo con marmellata di ciliegie

Tempo di preparazione + cottura: 4 ore 25 minuti | Porzioni: 4

ingredienti

2 chili di pollo con l'osso e la pelle
4 cucchiai di marmellata di ciliegie
2 cucchiai di noce moscata macinata
Sale e pepe nero a piacere

Istruzioni

Preparare un bagnomaria e metterci dentro il Sous Vide. Impostare a 172 F. Condire il pollo con sale e pepe e mescolare con altri ingredienti. Mettere in un sacchetto sottovuoto. Rilasciare l'aria utilizzando il metodo dello spostamento dell'acqua, chiudere e immergere la busta a bagnomaria. Cuocere per 4 ore.

Quando il timer si è fermato, rimuovere la busta e trasferirla nella teglia. Preriscalda il forno a 450 F. e cuoci per 10 minuti fino a quando diventa croccante. Trasferire in un piatto e servire.

Cosce di pollo piccanti dolci

Tempo di preparazione + cottura: 2 ore 20 minuti | Porzioni: 3

Ingredienti:

½ cucchiaio di zucchero

½ tazza di salsa di soia

2½ cucchiaini di zenzero, tritato

2½ cucchiaini di aglio tritato

2½ cucchiaini di purea di peperoncino rosso

¼ libbre di cosce di pollo piccole, senza pelle

2 cucchiai di olio d'oliva

2 cucchiai di semi di sesamo per la decorazione

1 cipolla, tritata per guarnire

Sale e pepe nero a piacere

Indicazioni:

Fai un bagno d'acqua, mettici dentro il Sous Vide e imposta a 165 F. Condisci il pollo con sale e pepe. Mettere il pollo in un sacchetto sottovuoto, far uscire l'aria con il metodo dello spostamento d'acqua e sigillarlo.

Metti la busta a bagnomaria e imposta il timer per 2 ore. Quando il timer si è fermato, rimuovere e aprire il sacchetto. In una ciotola, mescolare il resto degli ingredienti elencati, ad eccezione dell'olio d'oliva. Accantonare. Scaldare l'olio in una padella a fuoco medio, aggiungere il pollo.

Quando saranno leggermente dorate da entrambi i lati, aggiungete la salsa e coprite il pollo. Cuocere per 10 minuti. Guarnire con sesamo e cipolla. Servire con riso al cavolfiore.

Petti di pollo ripieni

Tempo di preparazione + cottura: 1 ora e 15 minuti | Porzioni: 5

Ingredienti:

2 chili di petto di pollo, senza pelle e senza ossa
2 cucchiai di prezzemolo fresco tritato
2 cucchiai di basilico fresco, tritato
1 uovo grande
½ tazza di cipollotti tritati
Sale e pepe nero a piacere
2 cucchiai di olio d'oliva

Indicazioni:

Fai un bagno d'acqua, mettici dentro il Sous Vide e impostalo a 165 F. Lava accuratamente i petti di pollo e asciugali con carta assorbente. Condire con un po' di sale e pepe e mettere da parte.

Mescolare in una ciotola l'uovo, il prezzemolo, il basilico e il cipollotto. Mescolare fino a quando ben combinato. Metti i petti di pollo su un piatto pulito e versa il composto di uova al centro. Piega strettamente il seno. Metti i seni in sacchetti sottovuoto separati e premi per rimuovere l'aria. Chiudere il coperchio e metterlo nel bagno d'acqua preparato. Cuocere sottovuoto per 1 ora. Quando il timer si è fermato, rimuovere i petti di pollo. Scaldare l'olio in una padella a fuoco medio. Aggiungere i petti di pollo e rosolarli per 2 minuti per lato.

Pollo fresco

Tempo di preparazione + cottura: 2 ore 40 minuti | Porzioni: 8

Ingredienti:

1 pollo da cinque chili, intero

3 cucchiai di succo di limone

½ tazza di olio d'oliva

6 foglie di alloro essiccate

2 cucchiai di rosmarino tritato

3 cucchiai di timo essiccato

2 cucchiai di olio di cocco

¼ di tazza di scorza di limone

3 spicchi d'aglio, tritati

Sale e pepe nero a piacere

Indicazioni:

Fai un bagno d'acqua, mettici dentro il Sous Vide e impostalo a 149 F. Sciacqua bene il pollo sotto l'acqua corrente fredda e asciugalo con un tovagliolo di carta. Accantonare.

In una piccola ciotola, unire l'olio d'oliva con sale, succo di limone, foglie di alloro essiccate, rosmarino e timo. Farcire la cavità del pollo con fettine di limone e questo composto.

In un'altra ciotola, unisci l'olio di cocco con la scorza di limone e l'aglio. Rimuovere la pelle di pollo dalla carne. Strofina questa miscela sotto la pelle e mettila in un grande sacchetto di plastica. Raffreddare per 30 minuti. Togliere dal frigorifero e mettere in un sacchetto grande sottovuoto. Metti la busta a bagnomaria e imposta il timer per 2 ore.

Cosce di pollo alla mediterranea

Tempo di preparazione + cottura: 1 ora e 40 minuti | Porzioni: 3

Ingredienti:

1 chilo di cosce di pollo

1 tazza di olio d'oliva

½ tazza di succo di lime appena spremuto

½ tazza di foglie di prezzemolo, tritate

3 spicchi d'aglio schiacciati

1 cucchiaio di pepe di cayenna

1 cucchiaino di origano essiccato

1 cucchiaino di sale marino

Indicazioni:

Sciacquate la carne sotto l'acqua corrente fredda e scolatela in un colino capiente. In una ciotola, mescolare l'olio d'oliva con il succo di lime, il prezzemolo tritato, l'aglio schiacciato, il pepe di cayenna, l'origano e il sale. Immergere i filetti in questa miscela e coprire. Raffreddare per 30 minuti.

Togliete la carne dal frigo e scolatela. Mettere in un grande contenitore sottovuoto e cuocere in Sous Vide per un'ora a 167F.

Petto di pollo con salsa Harissa

Tempo di preparazione + cottura: 65 minuti | Porzioni: 4

ingredienti

1 chilo di petto di pollo a cubetti
1 gambo di citronella fresca, tritato
2 cucchiai di salsa di pesce
2 cucchiai di zucchero di cocco
Aggiungi sale a piacere
1 cucchiaio di salsa harissa

Istruzioni

Preparare un bagnomaria e metterci dentro il Sous Vide. Impostare a 149 F. In un frullatore, unire la citronella, la salsa di pesce, lo zucchero e il sale. Marinare il pollo con la salsa e fare degli spiedini. Mettilo in un sacchetto sigillabile sottovuoto. Rilasciare l'aria utilizzando il metodo dello spostamento dell'acqua, chiudere e immergere la busta a bagnomaria. Cuocere per 45 minuti.

Quando il timer si è fermato, rimuovere la busta e trasferirla in un bagno di acqua fredda. Rimuovere il pollo e condirlo con la salsa harissa. Scaldare una padella a fuoco medio e friggere il pollo. Servire.

Pollo all'aglio con funghi

Tempo di preparazione + cottura: 2 ore 15 minuti | Porzioni: 6

Ingredienti:

2 chili di cosce di pollo, senza pelle

1 chilo di funghi cremini, affettati

1 tazza di brodo di pollo

1 spicchio d'aglio, schiacciato

4 cucchiai di olio d'oliva

½ cucchiaino di cipolla in polvere

½ cucchiaino di foglie di salvia essiccate

¼ di cucchiaino di pepe di cayenna

Sale e pepe nero a piacere

Indicazioni:

Lavare accuratamente le cosce sotto l'acqua fredda corrente. Asciugare con un tovagliolo di carta e mettere da parte. Scaldare l'olio d'oliva in una padella capiente a fuoco medio. Rosolare le cosce di pollo su entrambi i lati per 2 minuti. Togliere dalla padella e mettere da parte.

Ora aggiungi l'aglio e friggi fino a quando diventa marrone chiaro. Mescolare i funghi, versare il brodo e cuocere fino a quando non bolle. Togliere dalla padella e mettere da parte. Condire le cosce con sale, pepe, pepe di cayenna e cipolla in polvere. Mettere in un sacchetto capiente sottovuoto con i funghi e la salvia. Sigillare il sacchetto e cuocere in Sous Vide per 2 ore a 149F.

Cosce di pollo alle erbe

Tempo di preparazione + cottura: 4 ore 10 minuti | Porzioni: 4

Ingredienti:

1 chilo di cosce di pollo

1 bicchiere di olio extravergine di oliva

¼ di tazza di aceto di mele

3 spicchi d'aglio schiacciati

½ tazza di succo di limone appena spremuto

1 cucchiaio di basilico fresco, tritato

2 cucchiai di timo fresco, tritato

1 cucchiaio di rosmarino fresco, tritato

1 cucchiaino di pepe di cayenna

1 cucchiaino di sale

Indicazioni:

Sciacquare la carne sotto l'acqua fredda corrente e metterla in un colino capiente a scolare. Accantonare.

In una ciotola capiente, mescola l'olio d'oliva con l'aceto di mele, l'aglio, il succo di limone, il basilico, il timo, il rosmarino, il sale e il pepe di cayenna. Immergete le cosce in questa miscela e mettete in frigo per un'ora. Togliere la carne dalla marinata e scolarla. Mettere in un sacchetto sottovuoto grande e cuocere in Sous Vide per 3 ore a 149F.

Budino di pollo con cuori di carciofi

Tempo di preparazione + cottura: 1 ora e 30 minuti | Porzioni: 3

Ingredienti:

1 chilo di petto di pollo, disossato e senza pelle

2 carciofi medi

2 cucchiai di burro

2 cucchiai di olio extravergine di oliva

1 limone, spremuto

Una manciata di foglie di prezzemolo fresco, tritate finemente

Sale e pepe nero a piacere

½ cucchiaino di peperoncino

Indicazioni:

Sciacquare bene la carne e asciugarla con salviette di carta. Tagliare la carne in pezzi più piccoli con un coltello da cucina affilato e rimuovere le ossa. Spennellare con olio d'oliva e mettere da parte.

Riscaldare la padella a fuoco medio. Ridurre leggermente il fuoco a medio e aggiungere la carne. Friggere per 3 minuti fino a doratura su entrambi i lati. Togliere dal fuoco e trasferire in un grande sacchetto sigillabile sottovuoto. Sigillare il sacchetto e cuocere in Sous Vide per un'ora a 149F.

Nel frattempo preparate i carciofi. Tagliate a metà il limone e spremetene il succo in una ciotolina. Dividi il succo a metà e mettilo da parte. Tagliate le foglie più esterne con un coltellino affilato fino a raggiungere quelle gialle e morbide. Tagliare la pelle esterna verde attorno alla base del carciofo e cuocere a vapore. Assicurati di rimuovere i "peli" attorno al cuore del carciofo. Sono immangiabili, quindi buttali via.

Tagliate il carciofo a pezzetti di mezzo centimetro. Strofinatene metà con succo di limone e mettetela in una pentola dal fondo spesso. Aggiungere abbastanza acqua da coprire e cuocere fino a quando non sarà completamente tenero. Togliere dal fuoco e scolare. Raffreddare per un po 'a temperatura ambiente. Taglia ogni pezzo a strisce sottili.

Unire il carciofo con il pollo in una ciotola capiente. Mescolare con sale, pepe e il resto del succo di limone. Sciogliere il burro a fuoco medio e versarlo a filo sul budino. Spolverare con peperoncino e servire.

Zucca al burro di mandorle e insalata di pollo

Tempo di preparazione + cottura: 1 ora e 15 minuti | Porzioni: 2

ingredienti

6 filetti di pollo

4 tazze di zucca, a dadini e arrostite

4 tazze di pomodori rucola

4 cucchiai di mandorle a lamelle

Succo di 1 limone

2 cucchiai di olio d'oliva

4 cucchiai di cipolla rossa tritata

1 cucchiaio di paprika

1 cucchiaio di curcuma

1 cucchiaio di cumino

Aggiungi sale a piacere

Istruzioni

Preparare un bagnomaria e metterci dentro il Sous Vide. Impostato su 138F.

Mettere il pollo e tutte le spezie in un sacchetto sottovuoto. Agitare bene. Rilasciare l'aria utilizzando il metodo dello spostamento dell'acqua, chiudere e immergere la busta a bagnomaria. Cuocere per 60 minuti.

Quando il timer si è fermato, rimuovere la busta e trasferirla nella padella calda. Friggere per 1 minuto su ciascun lato. Unire il resto degli ingredienti in una ciotola. Servire con il pollo in cima.

Insalata di pollo e noci

Tempo di preparazione + cottura: 2 ore 20 minuti | Porzioni: 4

ingredienti

2 petti di pollo senza pelle, disossati

Sale e pepe nero a piacere

1 cucchiaio di olio di mais

1 mela, sbucciata e tagliata a cubetti

1 cucchiaino di succo di lime

½ tazza di uva bianca, dimezzata

1 gambo di sedano, a dadini

1/3 di tazza di maionese

2 cucchiaini di vino Chardonnay

1 cucchiaino di senape di Digione

1 cespo di lattuga romana

½ dl di noci tostate e tritate

Istruzioni

Preparare un bagnomaria e metterci dentro il Sous Vide. Impostare a 146F.

Mettere il pollo in un sacchetto sottovuoto e condire con sale e pepe. Rilasciare l'aria utilizzando il metodo dello spostamento dell'acqua, chiudere e immergere la busta a bagnomaria. Cuocere per 2 ore.

Quando il timer si ferma, rimuovere la busta e gettare i succhi di cottura. In una ciotola capiente, mescolare le fette di mela con il succo di lime. Aggiungere il sedano e l'uva bianca. Mescolare bene.

In un'altra ciotola, mescolare la maionese, la senape di Dijon e il vino Chardonnay. Versare il composto sulla frutta e mescolare bene. Tritare il pollo e metterlo in una ciotola di medie dimensioni, condire con sale e mescolare bene. Mettere il pollo in un'insalatiera. Metti la lattuga romana nelle insalatiere e aggiungi l'insalata. Guarnire con le noci.

Costolette di vitello al pepe con funghi di pino

Tempo di preparazione + cottura: 3 ore 15 minuti | Porzioni: 5

Ingredienti:

1 chilo di costolette di vitello

1 chilo di funghi di pino, affettati

½ tazza di succo di limone appena spremuto

1 cucchiaio di foglie di alloro, schiacciate

5 pepe

3 cucchiai di olio vegetale

2 cucchiai di olio extravergine di oliva

Sale e pepe nero a piacere

Indicazioni:

Preparare un bagno d'acqua, inserire il Sous Vide e impostare a 154F.

Condire le costolette con sale e pepe. Mettere in un sacchetto sottovuoto in un unico strato con il succo di limone, le foglie di alloro, i grani di pepe e l'olio d'oliva. Chiudi la borsa.

Immergere la busta a bagnomaria e far bollire per 3 ore. Togliere dal bagnomaria e mettere da parte. Scaldare l'olio vegetale in una padella capiente.

Aggiungere i funghi di pino e soffriggere con un pizzico di sale a fuoco medio fino a quando tutto il liquido sarà evaporato. Aggiungere le costolette di vitello con la marinata e continuare la cottura per altri 3 minuti. Servire subito.

Costolette di vitello

Tempo di preparazione + cottura: 2 ore 40 minuti | Porzioni: 4

Ingredienti:

2 bistecche di vitello (16 once).
Sale e pepe nero a piacere
2 cucchiai di olio d'oliva

Indicazioni:

Preparare un bagno d'acqua, metterci dentro Sous Vide e impostare a 140 F. Strofinare la carne di vitello con pepe e sale e metterla in un sacchetto sigillabile sottovuoto. Rilasciare l'aria utilizzando il metodo di spostamento dell'acqua e sigillare il sacchetto. Immergere a bagnomaria. Impostare il timer per 2 ore e 30 minuti. Cucinare.

Quando il timer si è fermato, rimuovere e aprire il sacchetto. Togliere la carne di vitello, asciugarla con carta assorbente e strofinare con olio d'oliva. Preriscaldare la ghisa a fuoco alto per 5 minuti. Mettere la bistecca e friggere fino a doratura su entrambi i lati. Mettere su un tagliere. Servire con un'insalata.

Vitello speziato al Porto

Tempo di preparazione + cottura: 2 ore 5 minuti | Porzioni: 6

ingredienti

3 cucchiai di burro

¾ tazza di brodo vegetale

½ bicchiere di Porto

¼ di tazza di funghi shiitake affettati

3 cucchiai di olio d'oliva

4 spicchi d'aglio, tritati

1 porro, solo la parte bianca, tritato

Sale e pepe nero a piacere

8 filetti di vitello

1 rametto di rosmarino fresco

Istruzioni

Preparare un bagnomaria e metterci dentro il Sous Vide. Impostare a 141 F. Aggiungere il brodo, il porto, i funghi, il burro, l'olio d'oliva, l'aglio, il porro, il sale e il pepe. Mettere la carne di vitello in un sacchetto capiente con chiusura sottovuoto. Aggiungere il rosmarino e il composto. Rilasciare l'aria utilizzando il metodo dello spostamento dell'acqua, chiudere e immergere la busta a bagnomaria. Cuocere per 1 ora e 45 minuti.

Al termine, rimuovere la carne di vitello e asciugarla. Scartare il rosmarino e trasferire il sugo di cottura nella pentola. Far bollire per 5 minuti. Aggiungere il vitello e cuocere per 1 minuto. Completare con la salsa per servire.

Vitello Portobello

Tempo di preparazione + cottura: 2 ore 10 minuti | Porzioni: 4

Ingredienti:

2 chili di filetto di vitello
1 tazza di brodo di manzo
4 funghi Portobello, affettati
1 cucchiaino di aglio in polvere
1 cucchiaio di origano, essiccato
3 cucchiai di aceto balsamico
2 cucchiai di olio d'oliva
Sale e pepe nero a piacere

Indicazioni:

Prepara un bagnomaria, mettici dentro il Sous Vide e imposta la temperatura a 140F.

In una ciotola mescolare il brodo di manzo con i funghi, l'aglio in polvere, l'origano, l'aceto balsamico, l'olio d'oliva e il sale. Strofina bene ogni cotoletta con questa miscela e mettila in un grande sacchetto sigillabile sottovuoto a strato singolo. Aggiungere le restanti marinate e chiudere. Immergere a bagnomaria e far bollire per 2 ore.

Quando il timer si è fermato, rimuovere le polpette dalla busta e asciugarle. Fai sobbollire i succhi di zuppa nella pentola per circa 4 minuti. Aggiungere alle cotolette e cuocere per 1 minuto. Trasferire nei piatti. Versare la salsa sul vitello e servire.

Sugo di vitello

Tempo di preparazione + cottura: 1 ora e 40 minuti | Porzioni: 3

Ingredienti:

½ kg di filetto di vitello

Sale e pepe nero a piacere

1 tazza di funghi, affettati sottilmente

⅓ tazza di panna

2 scalogni affettati sottilmente

1 cucchiaio di burro non salato

1 rametto di foglie di timo

1 cucchiaio di erba cipollina tritata per guarnire

Indicazioni:

Preparare un bagnomaria e metterci dentro il Sous Vide. Regola la temperatura a 129 F. Strofina le cotolette con aglio e sale e metti la carne di vitello e tutti gli altri ingredienti elencati tranne l'erba cipollina in un sacchetto sigillabile sottovuoto.

Rilasciare l'aria utilizzando il metodo di spostamento dell'acqua e sigillare. Immergere a bagnomaria. Impostare il timer per 1 ora e 30 minuti e cuocere.

Al termine, rimuovere la busta e adagiare il vitello su un piatto. Trasferisci la salsa nella padella, elimina il timo e lascia sobbollire per 5 minuti. Aggiungere il vitello e cuocere per 3 minuti. Guarnire con l'erba cipollina. Servire.

Fegato di vitello di Digione

Tempo di preparazione + cottura: 85 minuti | Porzioni: 5

Ingredienti:

2 chili di fegato di vitello, affettato

2 cucchiai di senape di Digione

3 cucchiai di olio d'oliva

1 cucchiaio di coriandolo, tritato

1 cucchiaino di rosmarino fresco, tritato

1 spicchio d'aglio, schiacciato

½ cucchiaino di timo

Indicazioni:

Fai un bagno d'acqua, mettici dentro il Sous Vide e impostalo a 129 F. Sciacqua accuratamente il fegato sotto l'acqua corrente fredda. Assicurati di risciacquare ogni traccia di sangue. Asciugare con salviette di carta. Rimuovere eventuali vene con un bisturi affilato. Tagliare trasversalmente a fettine sottili.

Unisci olio d'oliva, aglio, coriandolo, timo e rosmarino in una piccola ciotola. Mescolare fino a quando ben combinato. Spennellate abbondantemente le fette di fegato con questa miscela e mettete in frigo per 30 minuti.

Togliere dal frigorifero e mettere in un sacchetto grande sottovuoto. Immergere la busta sigillata a bagnomaria e impostare il timer per 40 minuti. Quando hai finito, apri la borsa. Ungete una padella capiente con dell'olio e metteteci dentro le fettine di fegatini. Brevemente, rosolare su entrambi i lati per 2 minuti. Servire con i cetriolini.

Costolette di agnello all'africana con albicocche

Tempo di preparazione + cottura: 2 ore 15 minuti | Porzioni: 2

ingredienti

2 filetti di lombo d'agnello
Sale e pepe nero a piacere
1 cucchiaino di miscela di spezie
4 albicocche
1 cucchiaio di miele
1 cucchiaino di olio d'oliva

Istruzioni

Preparare un bagnomaria e metterci dentro il Sous Vide. Impostato su 134F.

Condire l'agnello con sale e pepe. Spennellare le costolette di agnello con il composto di spezie e metterle in un sacchetto sigillabile sottovuoto. Aggiungere il miele e le albicocche. Rilasciare l'aria utilizzando il metodo dello spostamento dell'acqua, chiudere e immergere la busta a bagnomaria. Cuocere per 2 ore.

Quando il timer si è fermato, rimuovere le costolette e asciugarle. Prenota le albicocche e il liquido di cottura. Scaldare una padella a fuoco medio e scottare l'agnello per 30 secondi per lato. Trasferire su un piatto e lasciare raffreddare per 5 minuti. Scolare con il liquido di cottura. Guarnire con le albicocche.

Costolette di agnello alla menta con noci

Tempo di preparazione + cottura: 2 ore 35 minuti | Porzioni: 4

ingredienti

1 chilo di costolette di agnello

Sale e pepe nero a piacere

1 tazza di foglie di menta fresca

½ tazza di anacardi

½ tazza di prezzemolo fresco confezionato

½ tazza di aglio, affettato

3 cucchiai di succo di limone

2 spicchi d'aglio, tritati

6 cucchiai di olio d'oliva

Istruzioni

Preparare un bagnomaria e metterci dentro il Sous Vide. Impostare a 125 F. Condire l'agnello con sale e pepe e metterlo in un sacchetto sigillabile sottovuoto. Rilasciare l'aria utilizzando il metodo dello spostamento dell'acqua, chiudere e immergere la busta a bagnomaria. Cuocere per 2 ore.

In un robot da cucina, unire la menta, il prezzemolo, gli anacardi, l'aglio, lo scalogno e il succo di limone. Versare sopra 4 cucchiai di olio d'oliva. Condire con sale e pepe. Quando il timer si è fermato, rimuovere l'agnello, spennellare con 2 cucchiai di olio d'oliva e trasferirlo su una griglia calda. Friggere per 1 minuto per lato. Servire con le noci.

Carrè di agnello marinato in senape e miele

Tempo di preparazione + cottura: 1 ora e 10 minuti | Porzioni: 4

ingredienti

1 carré di agnello, tagliato

3 cucchiai di miele

2 cucchiai di senape di Digione

1 cucchiaino di aceto di sherry

Aggiungi sale a piacere

2 cucchiai di olio di avocado

Cipolla rossa tritata

Istruzioni

Preparare un bagnomaria e metterci dentro il Sous Vide. Impostare a 135 F. Mescolare bene tutti gli ingredienti tranne l'agnello. Spennellare l'agnello con il composto e metterlo in un sacchetto sottovuoto. Rilasciare l'aria utilizzando il metodo dello spostamento dell'acqua, chiudere e immergere la busta a bagnomaria. Cuocere per 1 ora.

Quando il timer si è fermato, rimuovere l'agnello e trasferirlo in un piatto. Prenota i succhi di zuppa. Scaldare l'olio in una padella a fuoco medio e friggere l'agnello per 2 minuti per lato. Sminuzzatelo e irroratelo con il sugo di cottura. Guarnire con cipolla rossa.

Polpette di agnello con salsa allo yogurt

Tempo di preparazione + cottura: 2 ore 15 minuti | Porzioni: 2

ingredienti

½ chilo di montone macinato

¼ di tazza di prezzemolo fresco tritato

¼ tazza di cipolla, tritata

¼ di tazza di mandorle tostate, tritate

2 spicchi d'aglio, tritati

Aggiungi sale a piacere

2 cucchiaini di coriandolo macinato

¼ di cucchiaino di cannella in polvere

1 tazza di yogurt

½ tazza di cetriolo a dadini

3 cucchiai di menta fresca tritata

1 cucchiaino di succo di limone

¼ di cucchiaino di pepe di cayenna

Pane pitta

Istruzioni

Preparare un bagnomaria e metterci dentro il Sous Vide. Impostare a 134 F. Unire agnello, cipolla, mandorle, sale, aglio, cannella e coriandolo. Formate 20 palline e mettetele in un sacchetto sottovuoto. Rilasciare l'aria utilizzando il metodo dello spostamento dell'acqua, chiudere e immergere la busta a bagnomaria. Cuocere per 120 minuti.

Nel frattempo, prepara il condimento mescolando yogurt, menta, cetriolo, pepe di Caienna, succo di limone e 1 cucchiaio di sale. Quando il timer si è fermato, rimuovere le palline e cuocere per 3-5 minuti. Versare sopra la salsa e servire con pane pita.

Riso piccante di spalla di agnello

Tempo di preparazione + cottura: 24 ore 10 minuti | Porzioni: 2

ingredienti

1 spalla di agnello arrosto, disossata
1 cucchiaio di olio d'oliva
1 cucchiaio di curry in polvere
2 cucchiaini di sale all'aglio
1 cucchiaino di coriandolo
1 cucchiaino di cumino macinato
1 cucchiaino di scaglie di peperoncino rosso essiccato
1 tazza di riso integrale, cotto

Istruzioni

Preparare un bagnomaria e metterci dentro il Sous Vide. Impostato su 158F.

Unire olio d'oliva, aglio, sale, cumino, coriandolo e scaglie di peperoncino. Marinare l'agnello. Mettere in un sacchetto sottovuoto. Rilasciare l'aria utilizzando il metodo dello spostamento dell'acqua, chiudere e immergere la busta a bagnomaria. Cuocere per 24 ore.

Al termine, togliere l'agnello e tagliarlo a fette. Servire con i succhi di zuppa sul riso.

Bistecche di agnello al peperoncino ricoperte di semi di sesamo

Tempo di preparazione + cottura: 3 ore 10 minuti | Porzioni: 2

ingredienti

2 bistecche di agnello
2 cucchiai di olio d'oliva
Sale e pepe nero a piacere
2 cucchiai di olio di avocado
1 cucchiaino di semi di sesamo
Un pizzico di peperoncino

Istruzioni

Preparare un bagnomaria e metterci dentro il Sous Vide. Impostare a 138 F. Mettere l'agnello con l'olio d'oliva in un sacchetto sigillabile sottovuoto. Rilasciare l'aria utilizzando il metodo dello spostamento dell'acqua, chiudere e immergere la busta a bagnomaria. Cuocere per 3 ore.

Al termine, asciuga l'agnello. Condire con sale e pepe. Scaldare l'olio di avocado in una padella a fuoco alto e friggere l'agnello. Tagliare a listarelle. Guarnire con semi di sesamo e scaglie di pepe.

Agnello dolce con salsa di senape

Tempo di preparazione + cottura: 1 ora e 10 minuti | Porzioni: 4

10ingredienti

1 agnello, tagliato

3 cucchiai di miele liquido

2 cucchiai di senape di Digione

1 cucchiaino di aceto di sherry

Aggiungi sale a piacere

2 cucchiai di olio di avocado

1 cucchiaio di timo

Semi di senape tostati per la decorazione

Cipolla verde tritata

Istruzioni

Preparare un bagnomaria e metterci dentro il Sous Vide. Impostare su 135 F. Unire tutti gli ingredienti tranne l'agnello. Metti l'agnello in un sacchetto sigillabile sottovuoto. Rilasciare l'aria utilizzando il metodo dello spostamento dell'acqua, chiudere e immergere la busta a bagnomaria. Cuocere per 1 ora. Quando il timer si è fermato, rimuovere l'agnello e trasferirlo in un piatto.

Scaldare l'olio in una padella a fuoco alto e friggere l'agnello per 2 minuti per lato. Tritare e condire con il sugo di cottura. Guarnire con cipolle verdi e semi di senape tostati.

Agnello alla menta e limone

Tempo di preparazione + cottura: 2 ore 15 minuti | Porzioni: 2

ingredienti

1 carré di agnello

Sale e pepe nero a piacere

2 rametti di rosmarino fresco

¼ tazza di olio d'oliva

2 tazze di fagioli di lima freschi, sgusciati, sbollentati e sbucciati

1 cucchiaio di succo di limone

1 cucchiaio di erba cipollina fresca, tritata

1 cucchiaio di prezzemolo fresco, tritato

1 cucchiaio di menta fresca

1 spicchio d'aglio, tritato

Istruzioni

Preparare un bagnomaria e metterci dentro il Sous Vide. Impostare a 125 F. Condire l'agnello con sale e pepe e metterlo in un sacchetto sigillabile sottovuoto. Rilasciare l'aria utilizzando il metodo dello spostamento dell'acqua, chiudere e immergere la busta a bagnomaria. Cuocere per 2 ore.

Quando il timer si è fermato, rimuovere l'agnello e asciugarlo. Scaldare 1 cucchiaio di olio d'oliva nella griglia a fuoco alto e cuocere l'agnello condito per 3 minuti. Mettere da parte e lasciare raffreddare.

Per l'insalata, mescolare i fagioli di lima, il succo di limone, il prezzemolo, l'erba cipollina, la menta, l'aglio e 3 cucchiai di olio d'oliva. Condire con sale e pepe. Tagliare l'agnello a pezzi e servire con insalata di fagioli di lima.

Costolette di agnello al limone con salsa chimichurri

Tempo di preparazione + cottura: 2 ore 15 minuti | Porzioni: 4

ingredienti

4 costolette di agnello

2 cucchiai di olio di avocado

Sale e pepe nero a piacere

1 tazza di prezzemolo fresco ben confezionato, tritato

2 cucchiai di origano fresco

1 spicchio d'aglio, tritato finemente

1 cucchiaio di aceto di champagne

1 cucchiaio di succo di limone

1 cucchiaio di paprika affumicata

¼ cucchiaino di scaglie di peperoncino tritato

1/3 di tazza di burro non salato, morbido

Istruzioni

Preparare un bagnomaria e metterci dentro il Sous Vide. Impostare a 132 F. Condire l'agnello con sale e pepe e metterlo in un sacchetto sigillabile sottovuoto. Rilasciare l'aria utilizzando il metodo dello spostamento dell'acqua, chiudere e immergere la busta a bagnomaria. Cuocere per 2 ore.

Mescolare bene in una ciotola prezzemolo, aglio, origano, aceto di champagne, paprika, succo di limone, scaglie di paprika, pepe nero, sale e burro morbido. Lasciar raffreddare in frigo.

Quando il timer si è fermato, rimuovere l'agnello e asciugarlo. Condire con sale e pepe. Scaldare l'olio di avocado in una padella a fuoco vivo e friggere l'agnello per qualche minuto su tutti i lati. Completare con la salsa al burro e servire.

Stinco di agnello con verdure e salsa dolce

Tempo di preparazione + cottura: 48 ore 45 minuti | Porzioni: 4

ingredienti

4 stinchi di agnello

2 cucchiai di olio

2 tazze di farina per tutti gli usi

1 cipolla rossa, affettata

4 spicchi d'aglio, schiacciati e sbucciati

4 carote a dadini di media grandezza

4 gambi di sedano a cubetti medi

3 cucchiai di passata di pomodoro

½ tazza di aceto di sherry

1 bicchiere di vino rosso

¾ tazza di miele

1 tazza di brodo di manzo

4 rametti di rosmarino fresco

2 foglie di alloro

Sale e pepe nero a piacere

Istruzioni

Preparare un bagnomaria e metterci dentro il Sous Vide. Impostare a 155F.

Scaldare l'olio in una padella a fuoco alto. Condire le bistecche con sale, pepe e farina. Friggere fino a doratura. Accantonare. Ridurre il fuoco e cuocere la cipolla, la carota, l'aglio e il sedano per 10 minuti. Condire con sale e pepe. Mescolare la passata di pomodoro e cuocere per un altro 1 minuto. Aggiungere aceto, brodo, vino, miele, alloro. Cuocere per 2 minuti.

Mettere le verdure, la salsa e l'agnello in un sacchetto sottovuoto. Rilasciare l'aria utilizzando il metodo dello spostamento dell'acqua, chiudere e immergere la busta a bagnomaria. Cuocere per 48 ore.

Quando il timer si è fermato, rimuovere i gambi e asciugarlo. Prenota i succhi di zuppa. Friggere i gambi per 5 minuti fino a doratura. Riscaldare la pentola a fuoco alto e versarvi il sugo di cottura. Cuocere fino a quando ridotto, 10 minuti. Sollevare i gambi su un piatto e condire con la salsa per servire.

Spezzatino di pancetta e agnello

Tempo di preparazione + cottura: 24 ore 25 minuti | Porzioni: 6

ingredienti

2 chili di spalla di agnello disossata, tagliata a cubetti

4 once di pancetta, tagliata a listarelle

1 bicchiere di vino rosso

2 cucchiai di passata di pomodoro

1 tazza di brodo di manzo

4 scalogni grandi, tagliati in quattro

4 carote, tritate

4 gambi di sedano, tritati

3 spicchi d'aglio schiacciati

1 chilo di patate fingerling, tagliate nel senso della lunghezza

4 once di funghi Portobello essiccati

3 rametti di rosmarino fresco

3 rametti di timo fresco

Sale e pepe nero a piacere

Istruzioni

Preparare un bagnomaria e metterci dentro il Sous Vide. Impostare a 146F.

Scaldare una padella a fuoco alto e cuocere la pancetta fino a doratura. Accantonare. Condire l'agnello con sale e pepe e friggere nella stessa padella; mettere da parte. Versare il vino e il brodo e cuocere per 5 minuti.

Mettere la miscela di vino, l'agnello, la pancetta, i succhi di cottura, le verdure e le erbe aromatiche in un sacchetto sigillabile sottovuoto. Rilasciare l'aria utilizzando il metodo dello spostamento dell'acqua, chiudere e immergere la busta a bagnomaria. Cuocere per 24 ore.

Quando il timer si ferma, togliere la busta e trasferire il sugo di cottura in una pentola calda a fuoco medio e cuocere per 15 minuti. Mescolare l'agnello per cuocere per qualche minuto e servire.

Costolette di agnello al limone pepate con chutney di papaya

Tempo di preparazione + cottura: 1 ora e 15 minuti | Porzioni: 4

ingredienti

8 costolette di agnello
2 cucchiai di olio d'oliva
½ cucchiaino di Garam Masala
¼ cucchiaino di pepe al limone
Un tocco di pepe all'aglio
Sale e pepe nero a piacere
½ tazza di yogurt
¼ tazza di coriandolo fresco tritato
2 cucchiai di chutney di papaia
1 cucchiaio di curry in polvere
1 cucchiaio di cipolla, tritata
Coriandolo tritato per la decorazione

Istruzioni

Preparare un bagnomaria e metterci dentro il Sous Vide. Impostare a 138 F. Spennellare le costolette con olio d'oliva e cospargere con Garam Masala, pepe al limone, aglio in polvere, sale e pepe. Mettere in un sacchetto sottovuoto. Rilasciare l'aria utilizzando il metodo dello spostamento dell'acqua, chiudere e immergere la busta a bagnomaria. Cuocere per 1 ora.

Nel frattempo preparate la salsa mescolando yogurt, chutney di papaya, coriandolo, curry e cipolla. Trasferire su un piatto. Quando il timer si è fermato, rimuovere l'agnello e asciugarlo. Scaldare l'olio rimanente in una padella a fuoco medio e friggere l'agnello per 30 secondi per lato. Filtrare su una teglia. Servire le costolette con la salsa allo yogurt. Guarnire con coriandolo.

Spiedini di agnello piccanti

Tempo di preparazione + cottura: 2 ore 20 minuti | Porzioni: 4

ingredienti

1 kg di cosciotto d'agnello, disossato, a dadini

2 cucchiai di pasta di peperoncino

1 cucchiaio di olio d'oliva

Aggiungi sale a piacere

1 cucchiaino di cumino

1 cucchiaino di coriandolo

½ cucchiaino di pepe nero

yogurt greco

Foglie di menta fresca per servire

Istruzioni

Preparare un bagnomaria e metterci dentro il Sous Vide. Impostare su 134 F. Unire tutti gli ingredienti e metterli in un sacchetto sigillabile sottovuoto. Rilasciare l'aria utilizzando il metodo dello spostamento dell'acqua, chiudere e immergere la busta a bagnomaria. Cuocere per 2 ore.

Quando il timer si è fermato, rimuovere l'agnello e asciugarlo. Trasferisci l'agnello sulla griglia e cuoci per 5 minuti. Mettere da parte e lasciare riposare per 5 minuti. Servire con yogurt greco e menta.

Agnello alle erbe con verdure

Tempo di preparazione + cottura: 48 ore 30 minuti | Porzioni: 8)

ingredienti

2 stinchi di agnello, con l'osso
1 lattina di pomodori a cubetti con succo
1 tazza di brodo di vitello
1 tazza di cipolla, tritata finemente
½ tazza di sedano, tritato finemente
½ tazza di carote, tritate finemente
½ bicchiere di vino rosso
2 rametti di rosmarino fresco
Sale e pepe nero a piacere
1 cucchiaino di coria macinata
1 cucchiaino di cumino macinato
1 cucchiaino di timo

Istruzioni

Preparare un bagnomaria e metterci dentro il Sous Vide. Impostare a 149F.

Unire tutti gli ingredienti e metterli in un sacchetto sottovuoto. Rilasciare l'aria utilizzando il metodo dello spostamento dell'acqua, chiudere e immergere la busta a bagnomaria. Cuocere per 48 ore.

Quando il timer si ferma, rimuovere i gambi e trasferirli in un piatto e raffreddare per 48 ore. Pulire l'agnello eliminando le lische e il grasso, quindi tagliarlo a striscioline. Versare nella pentola il sugo della zuppa senza grassi e l'agnello. Cuocere per 10 minuti a fuoco vivo fino a quando la salsa si addensa. Servire.

Carré di agnello all'aglio

Tempo di preparazione + cottura: 1 ora e 30 minuti | Porzioni: 4

ingredienti

2 cucchiai di burro

2 carré di agnello, francese

1 cucchiaio di olio d'oliva

1 cucchiaio di olio di sesamo

4 spicchi d'aglio, tritati

4 rametti di basilico fresco, dimezzati

Sale e pepe nero a piacere

Istruzioni

Preparare un bagnomaria e metterci dentro il Sous Vide. Impostare a 130 F. Condire l'agnello con sale e pepe. Mettere in un grande sacchetto sigillabile sottovuoto. Rilasciare l'aria utilizzando il metodo dello spostamento dell'acqua, chiudere e immergere la busta a bagnomaria. Cuocere per 1 ora e 15 minuti.

Quando il timer si è fermato, rimuovere la griglia e asciugare con un panno da cucina. Scaldare l'olio di sesamo in una padella a fuoco alto e scottare la piastra per 1 minuto per lato. Accantonare.

Metti 1 cucchiaio di burro nella padella e aggiungi metà dell'aglio e metà del basilico. Parte superiore sul cavalletto. Cuocere la griglia per 1 minuto. Girare e versare altro burro. Ripetere il processo per tutti i rack. Tagliare a pezzi e servire 4 pezzi su ogni piatto.

Carrè di agnello incrostato di erbe

Tempo di preparazione + cottura: 3 ore 30 minuti | Porzioni: 6

Ingredienti:

Lato di agnello:

3 grandi rastrelliere di pecore

Sale e pepe nero a piacere

1 rametto di rosmarino

2 cucchiai di olio d'oliva

Corteccia di erbe:

2 cucchiai di foglie di rosmarino fresco

½ tazza di noci di macadamia

2 cucchiai di senape di Digione

½ tazza di prezzemolo fresco

2 cucchiai di foglie di timo fresco

2 cucchiai di scorza di limone

2 spicchi d'aglio

2 albumi d'uovo

Indicazioni:

Fai un bagno d'acqua, mettici dentro il Sous Vide e imposta la temperatura a 140F.

Asciugare l'agnello con salviette di carta e strofinare la carne con sale e pepe nero. Metti la padella a fuoco medio e aggiungi l'olio d'oliva. Una volta riscaldato l'agnello, scottarlo su entrambi i lati per 2 minuti; mettere da parte.

Aggiungere l'aglio e il rosmarino, arrostire per 2 minuti e adagiarvi sopra l'agnello. Lascia che l'agnello assorba i sapori per 5 minuti.

Mettere l'agnello, l'aglio e il rosmarino in un sacchetto sigillabile sottovuoto, rilasciare l'aria utilizzando il metodo a spostamento d'acqua e sigillare il sacchetto. Immergi la borsa a bagnomaria.

Impostare il timer per cuocere per 3 ore. Quando il timer si è fermato, rimuovere il sacchetto, aprirlo e rimuovere l'agnello. Montate a neve gli albumi e metteteli da parte.

Mescolare il resto degli ingredienti elencati per la crosta di erbe con un frullatore e mettere da parte. Asciugare l'agnello con salviette di carta e spennellare con l'albume. Immergili nella miscela di erbe e ricoprili bene.

Adagiare il carré di agnello sulla teglia, con la pelle rivolta verso l'alto. Cuocere in forno per 15 minuti. Affettare con cura ogni cotoletta con un coltello affilato. Servire con verdure bollite.

Famosi spiedini di agnello e ciliegie sudafricani

Tempo di preparazione + cottura: 8 ore 40 minuti | Porzioni: 6

ingredienti

¾ tazza di aceto bianco

½ bicchiere di vino rosso secco

2 cipolle, tritate

4 spicchi d'aglio, tritati

Scorza di 2 limoni

6 cucchiai di zucchero di canna

2 cucchiai di semi di cumino, tritati

1 cucchiaio di marmellata di ciliegie

1 cucchiaio di farina di mais

1 cucchiaio di curry in polvere

1 cucchiaio di zenzero grattugiato

2 cucchiaini di sale

1 cucchiaino di pimento

1 cucchiaino di cannella in polvere

4 chili e mezzo di spalla di agnello, a cubetti

1 cucchiaio di burro

6 cipolline, sbucciate e tagliate a metà

12 ciliegie secche, dimezzate

2 cucchiai di olio d'oliva

Istruzioni

Preparare un bagnomaria e metterci dentro il Sous Vide. Impostato su 141F.

Mescolare bene l'aceto, il vino rosso, le cipolle, l'aglio, la scorza di limone, lo zucchero di canna, il cumino, la marmellata di ciliegie, la farina di mais, il curry, lo zenzero, il sale, il pimento e la cannella.

Metti l'agnello in un grande sacchetto sigillabile sottovuoto. Rilasciare l'aria utilizzando il metodo dello spostamento dell'acqua, chiudere e immergere la busta a bagnomaria. Cuocere per 8 ore. Scaldare il burro in una pentola per 20 minuti e soffriggere le cipolle per 8 minuti finché non si ammorbidiscono. Mettere da parte e lasciare raffreddare.

Quando il timer si è fermato, rimuovere l'agnello e asciugarlo con un tovagliolo di carta. Prenota i succhi di cottura e trasferiscili in una casseruola a fuoco medio e cuoci per 10 minuti fino a ridurli della metà. Riempi gli spiedini con tutti gli ingredienti del kebab e arrotolali. Scaldare l'olio d'oliva su una griglia a fuoco alto e cuocere gli spiedini per 45 secondi per lato.

Curry di agnello e paprika

Tempo di preparazione + cottura: 30 ore 30 minuti | Porzioni: 4

ingredienti

2 cucchiai di burro

2 peperoni, tritati

3 spicchi d'aglio, tritati

1 cucchiaino di curcuma

1 cucchiaino di cumino macinato

1 cucchiaino di paprika

1 cucchiaino di zenzero fresco grattugiato

½ cucchiaino di sale

2 pezzi di cardamomo

2 rametti di timo fresco

2¼ chili di montone disossato, a dadini

1 cipolla grande, tritata

3 pomodori, tritati

1 cucchiaino di pimento

2 cucchiai di yogurt greco

1 cucchiaio di coriandolo fresco tritato

Istruzioni

Preparare un bagnomaria e metterci dentro il Sous Vide. Impostare a 179 F. Unire 1 cucchiaio di burro, paprika, 2 spicchi d'aglio, curcuma, cumino, paprika, zenzero, sale, cardamomo e timo. Mettere l'agnello con il composto di burro in un sacchetto sottovuoto. Rilasciare l'aria utilizzando il metodo dello spostamento dell'acqua, chiudere e immergere la busta a bagnomaria. Cuocere per 30 ore.

Quando il timer si ferma, rimuovi il sacchetto e mettilo da parte. Scaldare il burro in una casseruola a fuoco alto. Aggiungere la cipolla e soffriggere per 4 minuti. Aggiungere il resto dell'aglio e cuocere per un altro 1 minuto. Ridurre il fuoco e aggiungere i pomodori e il pimento. Cuocere per 2 minuti. Versare i succhi di yogurt, agnello e zuppa. Cuocere per 10-15 minuti. Guarnire con coriandolo.

Formaggio di capra Costolette di agnello

Tempo di preparazione + cottura: 4 ore 10 minuti | Porzioni: 2

Ingredienti:

Costolette:

2 mezze costolette di agnello

2 cucchiai di olio vegetale

1 spicchio d'aglio, tritato

2 cucchiai di foglie di rosmarino tritate

1 cucchiaio di polline di finocchio

Sale e pepe nero a piacere

½ cucchiaino di pepe di cayenna

Per la decorazione:

8 once di formaggio di capra, sbriciolato

2 once di noci tostate, tritate

3 cucchiai di prezzemolo tritato

Indicazioni:

Fai un bagno d'acqua, mettici dentro il Sous Vide e imposta a 134 F. Mescola gli ingredienti di agnello elencati tranne l'agnello. Asciugare l'agnello con un tovagliolo di carta e strofinare con la miscela di spezie. Mettere la carne in un sacchetto sottovuoto, far fuoriuscire l'aria con il metodo dello spostamento d'acqua, chiudere e immergere il sacchetto a bagnomaria. Impostare il timer per 4 ore.

Quando il timer si è fermato, rimuovi le pecore. Riscaldare la griglia a fuoco alto e aggiungere l'olio. Friggere l'agnello fino a doratura. Taglia le costole tra le ossa. Guarnire con formaggio di capra, noci e prezzemolo. Servire con salsa piccante.

Spalla di agnello

Tempo di preparazione + cottura: 4 ore 10 minuti | Porzioni: 3

Ingredienti:

Spalla di agnello da 1 chilo, disossata
Sale e pepe nero a piacere
2 cucchiai di olio d'oliva
1 spicchio d'aglio, schiacciato
1 rametto di timo
1 rametto di salsa

Indicazioni:

Preparare un bagnomaria e metterci dentro il Sous Vide. Impostare a 145 F. Asciugare le spalle di agnello con salviette di carta e strofinare con pepe e sale.

Mettere l'agnello e gli altri ingredienti elencati in un sacchetto sottovuoto. Rilasciare l'aria utilizzando il metodo dello spostamento dell'acqua, chiudere e immergere la busta a bagnomaria. Impostare il timer per 4 ore.

Al termine, rimuovere la busta e trasferire le spalle di agnello nella teglia. Filtrare i succhi in una casseruola e cuocere a fuoco medio per 2 minuti. Riscaldare la griglia per 10 minuti e grigliare la spalla fino a renderla dorata e croccante. Servire la spalla di agnello e la salsa con verdure al burro.

Agnello arrosto jalapeño

Tempo di preparazione + cottura: 3 ore | Porzioni: 6

Ingredienti:

1 cucchiaio e mezzo di olio di colza

1 cucchiaio di semi di senape nera

1 cucchiaino di semi di cumino

Sale e pepe nero a piacere

Cosciotto di agnello a farfalla da 4 libbre

½ tazza di foglie di menta, tritate

½ tazza di foglie di coriandolo, tritate

1 scalogno, tritato

1 spicchio d'aglio, tritato

2 jalapenos rossi, tritati

1 cucchiaio di aceto di vino rosso

1 cucchiaio e mezzo di olio d'oliva

Indicazioni:

Metti la padella sul fornello a fuoco basso. Aggiungi ½ cucchiaio di olio d'oliva; una volta riscaldato, aggiungere cumino e semi di senape e cuocere per 1 minuto. Spegni il fuoco e trasferisci i semi in una ciotola. Cospargere di sale e pepe nero. Mescolata. Distribuire metà della miscela di spezie all'interno delle cosce di agnello e arrotolare. Fissare con lo spago da macellaio ogni 1 pollice.

Condire con sale e pepe e strofinare. Distribuire uniformemente metà della miscela di spezie sulle cosce di agnello, quindi arrotolarle con cura. Fai un bagnomaria e mettici dentro il Sous Vide. Impostare a 145 F. Mettere la coscia d'agnello in un sacchetto sigillabile sottovuoto, rilasciare l'aria utilizzando il metodo di spostamento dell'acqua, sigillare e immergere in un bagno d'acqua. Impostare il timer per 2 ore e 45 minuti e cuocere.

Preparare la salsa; aggiungere lo scalogno, il coriandolo, l'aglio, l'aceto di vino rosso, la menta e il peperoncino rosso alla miscela di cumino e senape. Mescolare e condire con sale e pepe. Accantonare. Quando il timer si è fermato, rimuovere e aprire il sacchetto. Rimuovere l'agnello e asciugarlo con un tovagliolo di carta.

Aggiungere l'olio di colza alla ghisa, preriscaldare a fuoco vivo per 10 minuti. Metti l'agnello e friggi fino a doratura su entrambi i lati. Togliere lo spago e affettare l'agnello. Servire con la salsa.

Costolette di agnello alla griglia con timo e salvia

Tempo di preparazione + cottura: 3 ore 20 minuti | Porzioni: 6

ingredienti

6 cucchiai di burro

4 cucchiai di vino bianco secco

4 cucchiai di brodo di pollo

4 rametti di timo fresco

2 spicchi d'aglio, tritati

1½ cucchiaino di salvia fresca tritata

1½ cucchiaino di cumino

6 costolette di agnello

Sale e pepe nero a piacere

2 cucchiai di olio d'oliva

Istruzioni

Preparare un bagnomaria e metterci dentro il Sous Vide. Impostato su 134F.

Scaldare una casseruola a fuoco medio e unire il burro, il vino bianco, il brodo, il timo, l'aglio, il cumino e la salvia. Far bollire per 5 minuti. Lascialo raffreddare. Condire l'agnello con sale e pepe.

Mettere in tre buste sottovuoto con il composto di burro. Rilasciare l'aria utilizzando il metodo dello spostamento dell'acqua, chiudere e immergere le buste a bagnomaria. Cuocere per 3 ore.

Al termine, rimuovere l'agnello e asciugarlo con un tovagliolo di carta. Lubrificare le costolette con olio d'oliva. Scaldare una padella a fuoco alto e scottare l'agnello per 45 secondi per lato. Lasciare riposare per 5 minuti.

Costolette di agnello con chimichurri al basilico

Tempo di preparazione + cottura: 3 ore 40 minuti | Porzioni: 4

Ingredienti:

Costolette di agnello:

3 carré di agnello, francese

3 spicchi d'aglio schiacciati

Sale e pepe nero a piacere

Chimichurri al basilico:

1 ½ tazza di basilico fresco, tritato

2 scalogni di banana, a dadini

3 spicchi d'aglio, tritati

1 cucchiaino di scaglie di peperoncino

½ tazza di olio d'oliva

3 cucchiai di aceto di vino rosso

Sale e pepe nero a piacere

Indicazioni:

Preparare un bagnomaria e metterci dentro il Sous Vide. Impostare a 140 F. Asciugare le griglie con carta assorbente e strofinare con pepe e sale. Mettere la carne e l'aglio in un sacchetto sigillabile sottovuoto, rilasciare l'aria utilizzando il metodo di spostamento dell'acqua e sigillare il sacchetto. Immergi la borsa a bagnomaria. Impostare il timer per 2 ore e cuocere.

Preparare i chimichurri al basilico: mescolare tutti gli ingredienti elencati in una ciotola. Coprire con pellicola trasparente e lasciare riposare in frigorifero per 1 ora e 30 minuti. Quando il timer si ferma, rimuovi il sacchetto e aprilo. Rimuovere l'agnello e asciugarlo con un tovagliolo di carta. Friggere con una torcia fino a doratura. Versare il chimichurri al basilico sull'agnello. Servire con verdure al vapore.

Spiedini di agnello Harissa salati

Tempo di preparazione + cottura: 2 ore 30 minuti | Porzioni: 10

ingredienti

3 cucchiai di olio d'oliva

4 cucchiaini di aceto di vino rosso

2 cucchiai di pasta di peperoncino

2 spicchi d'aglio, tritati

1½ cucchiaino di cumino macinato

1½ cucchiaino di coriandolo macinato

1 cucchiaino di paprika piccante

Aggiungi sale a piacere

1 kg e mezzo di spalla di agnello disossata, a dadini

1 cetriolo, sbucciato e tritato

Scorza e succo di ½ limone

1 tazza di yogurt alla greca

Istruzioni

Preparare un bagnomaria e metterci dentro il Sous Vide. Impostare a 134 F. Unire 2 cucchiai di olio d'oliva, aceto, peperoncini, aglio, cumino, coriandolo, paprika e sale. Mettere l'agnello e la salsa in un sacchetto sigillabile sottovuoto. Rilasciare l'aria utilizzando il metodo dello spostamento dell'acqua, chiudere e immergere il sacchetto nella vasca da bagno. Cuocere per 2 ore.

Quando il timer si è fermato, rimuovere l'agnello e asciugarlo con un tovagliolo di carta. Scartare i succhi di cottura. Mescolare il cetriolo, la scorza e il succo di limone, lo yogurt e l'aglio schiacciato in una piccola ciotola. Accantonare. Riempire gli spiedini con l'agnello e arrotolare.

Scaldare l'olio in una padella a fuoco alto e friggere gli spiedini per 1-2 minuti per lato. Completare con salsa di limone e aglio e servire.

Maiale alla senape dolce con cipolle croccanti

Tempo di preparazione + cottura: 48 ore 40 minuti | Porzioni: 6

ingredienti

1 cucchiaio di ketchup

4 cucchiai di senape al miele

2 cucchiai di salsa di soia

2¼ chili di spalla di maiale

1 cipolla dolce grande, tagliata a rondelle sottili

2 tazze di latte

1½ tazze di farina per tutti gli usi

2 cucchiaini di polvere di cipolla granulare

1 cucchiaino di paprika

Sale e pepe nero a piacere

4 tazze di olio vegetale, per friggere

Istruzioni

Preparare un bagnomaria e metterci dentro il Sous Vide. Impostare a 159F.

Mescolare bene la senape, la salsa di soia e il ketchup in una pasta. Spennellare la carne di maiale con la salsa e metterla in un sacchetto sottovuoto. Rilasciare l'aria utilizzando il metodo dello spostamento dell'acqua, chiudere e immergere la busta a bagnomaria. Cuocere per 48 ore.

Preparazione delle cipolle: separare gli anelli di cipolla in una ciotola. Versateci sopra il latte e lasciate raffreddare per 1 ora. Unire la farina, la cipolla in polvere e un pizzico di sale e pepe.

Scaldare l'olio in una padella a 375 F. Scolare le cipolle e aggiungere la miscela di farina. Agitare bene e trasferire in padella. Friggerli per 2 minuti o finché non sono croccanti. Trasferire su un vassoio e asciugare con un tovagliolo di carta. Ripetere il processo con le cipolle rimanenti.

Quando il timer si ferma, rimuovere la carne di maiale e trasferirla su un tagliere e tirare la carne di maiale fino a quando non viene triturata. Riservare il fondo di cottura e trasferirlo in una casseruola mentre è caldo a fuoco medio e cuocere per 5 minuti fino a quando non sarà evaporato. Top maiale con salsa e guarnire con cipolla croccante per servire.

Deliziose braciole di maiale al basilico e limone

Tempo di preparazione + cottura: 1 ora e 15 minuti | Porzioni: 4

ingredienti

4 cucchiai di burro

4 braciole di maiale disossate

Sale e pepe nero a piacere

Scorza e succo di 1 limone

2 spicchi d'aglio schiacciati

2 foglie di alloro

1 rametto di basilico fresco

Istruzioni

Preparare un bagnomaria e metterci dentro il Sous Vide. Impostare a 141 F. Condire le costolette con sale e pepe.

Mettere in un sacchetto sottovuoto le costolette con la scorza e il succo di limone, l'aglio, le foglie di alloro, il basilico e 2 cucchiai di burro. Rilasciare l'aria utilizzando il metodo dello spostamento dell'acqua, chiudere e immergere la busta a bagnomaria. Cuocere per 1 ora.

Quando il timer si è fermato, rimuovere le costolette e asciugarle con salviette di carta. Prenota le erbe. Scaldare il burro rimanente in una padella a fuoco medio e friggere per 1-2 minuti per lato.

Costolette con salsa cinese

Tempo di preparazione + cottura: 4 ore 25 minuti | Porzioni: 4

ingredienti

1/3 di tazza di salsa hoisin

1/3 di tazza di salsa di soia scura

1/3 di tazza di zucchero

3 cucchiai di miele

3 cucchiai di aceto bianco

1 cucchiaio di pasta di fagioli fermentati

2 cucchiaini di olio di sesamo

2 spicchi d'aglio schiacciati

Pezzo da 1 pollice di zenzero fresco grattugiato

1 cucchiaino e mezzo di cinque spezie in polvere

Aggiungi sale a piacere

½ cucchiaino di pepe nero macinato fresco

3 chili di costole dorsali

Foglie di coriandolo per servire

Istruzioni

Preparare un bagnomaria e metterci dentro il Sous Vide. Impostato su 168F.

Mescolare salsa hoisin, salsa di soia scura, zucchero, aceto bianco, miele, pasta di fagioli, olio di sesamo, cinque spezie in polvere, sale, zenzero, pepe bianco e nero in una ciotola. Tenere da parte 1/3 del composto e lasciarlo raffreddare.

Spennellate le costine con il composto e dividetele in 3 sacchetti sottovuoto. Rilasciare l'aria utilizzando il metodo dello spostamento dell'acqua, chiudere e immergere le buste a bagnomaria. Cuocere per 4 ore.

Preriscalda il forno a 400 F. Quando il timer si ferma, rimuovi le costole e spennellale con la miscela rimanente. Trasferire su una teglia e mettere in forno. Cuocere per 3 minuti. Rimuovere e lasciare riposare per 5 minuti. Tagliare la griglia e coprire con coriandolo.

Stufato di maiale e fagioli

Tempo di preparazione + cottura: 7 ore 20 minuti | Porzioni: 8)

ingredienti

2 cucchiai di olio vegetale

1 cucchiaio di burro

1 filetto di maiale tagliato a dadini

Sale e pepe nero a piacere

2 tazze di cipolline surgelate

2 grandi pastinache, tritate

2 spicchi d'aglio tritati

2 cucchiai di farina per tutti gli usi

1 bicchiere di vino bianco secco

2 tazze di brodo di pollo

1 lattina di fagioli bianchi, scolati e sciacquati

4 rametti di rosmarino fresco

2 foglie di alloro

Istruzioni

Preparare un bagnomaria e metterci dentro il Sous Vide. Impostato su 138F.

Scaldare una padella antiaderente a fuoco alto con burro e olio. Aggiungi il maiale. Condire con pepe e sale. Cuocere per 7 minuti. Mettere la cipolla e cuocere per 5 minuti. Mescolare l'aglio e il vino in una bolla. Mescolare i fagioli, il rosmarino, il brodo e le foglie di alloro. Togliere dal fuoco.

Metti la carne di maiale in un sacchetto sigillabile sottovuoto. Rilasciare l'aria utilizzando il metodo dello spostamento dell'acqua, chiudere e immergere la busta a bagnomaria. Cuocere per 7 ore. Quando il timer si ferma, rimuovere la busta e trasferirla in una ciotola. Guarnire con il rosmarino.

Costolette di maiale alla coque

Tempo di preparazione + cottura: 20 ore 10 minuti | Porzioni: 6

Ingredienti:

5 lb (2) costole dorsali, rastrelliere complete
½ tazza di miscela di condimento jerk

Indicazioni:

Fai un bagno d'acqua, mettici dentro il Sous Vide e impostalo a 145 F. Taglia a metà le griglie e condiscile con metà del condimento jerk. Posizionare i rack in rack separati sottovuoto. Rilasciare l'aria utilizzando il metodo dello spostamento dell'acqua, chiudere e immergere le buste a bagnomaria. Imposta il timer su 20 ore.

Coprire il bagnomaria con un sacchetto per ridurre l'evaporazione e aggiungere acqua ogni 3 ore per evitare che l'acqua si asciughi. Quando il timer si è fermato, rimuovere e aprire il sacchetto. Trasferisci le costole su una teglia foderata di alluminio e preriscalda il pollo in alto. Strofina le costole con il rimanente condimento jerk e mettile nella griglia. Cuocere per 5 minuti. Tagliare in singole costole.

Braciole di maiale al balsamico

Tempo di preparazione + cottura: 1 ora e 15 minuti | Porzioni: 5

Ingredienti:

2 chili di braciole di maiale

3 spicchi d'aglio schiacciati

½ cucchiaino di basilico essiccato

½ cucchiaino di timo essiccato

¼ di tazza di aceto balsamico

Sale e pepe nero a piacere

3 cucchiai di olio extravergine di oliva

Indicazioni:

Preparare un bagnomaria, metterci dentro il Sous Vide e impostare a 158 F. Condire liberamente le braciole di maiale con sale e pepe; mettere da parte.

In una piccola ciotola, mescolare l'aceto con 1 cucchiaio di olio d'oliva, timo, basilico e aglio. Mescolare bene e distribuire uniformemente il composto sulla carne. Mettere in un grande sacchetto sottovuoto e sigillarlo. Immergere la busta sigillata a bagnomaria e far bollire per 1 ora.

Quando il timer si ferma, estrai le braciole di maiale dal sacchetto e asciugale. Scaldare l'olio d'oliva rimanente in una padella media a fuoco alto. Friggere le costolette per un minuto per lato o fino a quando non saranno dorate. Aggiungere i succhi di cottura e cuocere per 3-4 minuti o fino a quando non si addensa.

Costolette di maiale disossate con salsa di cocco e arachidi

Tempo di preparazione + cottura: 8 ore 30 minuti | Porzioni: 3

Ingredienti:

½ tazza di latte di cocco

2½ cucchiai di burro di arachidi

2 cucchiai di salsa di soia

1 cucchiaio di zucchero

3 pollici di citronella fresca

1 cucchiaio e mezzo di salsa di peperoni

1 ½ pollice di zenzero, sbucciato

3 spicchi d'aglio

2½ cucchiaini di olio di sesamo

Costine di maiale disossate da 13 once

Indicazioni:

Preparare un bagnomaria e metterci dentro il Sous Vide. Impostare a 135 F. Frullare tutti gli ingredienti elencati in un frullatore, ad eccezione delle costolette di maiale e del coriandolo, fino ad ottenere una pasta liscia.

Mettere le costine in un sacchetto sottovuoto e aggiungerle alla salsa. Rilasciare l'aria utilizzando il metodo di spostamento dell'acqua e sigillare il sacchetto. Mettere a bagnomaria e impostare il timer per 8 ore.

Quando il timer si ferma, estrai il sacchetto, aprilo e rimuovi le costine. Trasferire in un piatto e tenere al caldo. Metti la padella a fuoco medio e versa la salsa dal sacchetto. Far bollire per 5 minuti, abbassare la fiamma e cuocere per 12 minuti.

Aggiungere le costine e coprire con la salsa. Cuocere a fuoco lento per 6 minuti. Servire con verdure al vapore.

Filetto di maiale al lime e aglio

Tempo di preparazione + cottura: 2 ore 15 minuti | Porzioni: 2

Ingredienti:

2 cucchiai di aglio in polvere

2 cucchiai di cumino macinato

2 cucchiai di timo essiccato

2 cucchiai di rosmarino essiccato

1 pizzico di sale marino lime

2 (3 libbre) di filetto di maiale, cotenna d'argento rimossa

2 cucchiai di olio d'oliva

3 cucchiai di burro non salato

Indicazioni:

Fai un bagno d'acqua, mettici dentro Sous Vide e imposta a 140 F. Aggiungi cumino, aglio in polvere, timo, sale di lime, rosmarino e sale di lime in una ciotola e mescola fino a che liscio. Spennellare il maiale con olio d'oliva e cospargere con sale e miscela di erbe aromatiche.

Metti la carne di maiale in due sacchetti separati sottovuoto. Rilasciare l'aria utilizzando il metodo di spostamento dell'acqua e sigillare i sacchetti. Immergere a bagnomaria e impostare il timer per 2 ore.

Quando il timer si è fermato, rimuovere e aprire il sacchetto. Rimuovere la carne di maiale e asciugarla con un tovagliolo di carta. Scartare il succo nel sacchetto. Scaldare una padella di ghisa a fuoco alto e aggiungere il burro. Metti la carne di maiale e friggi fino a doratura. Lascia riposare il maiale sul tagliere. Tagliateli in medaglioni da 2 pollici.

Costolette di maiale alla griglia

Tempo di preparazione + cottura: 1 ora e 10 minuti | Porzioni: 4

Ingredienti:

Costine di maiale da 1 libbra
1 cucchiaino di aglio in polvere
Sale e pepe nero a piacere
1 tazza di salsa barbecue

Indicazioni:

Fai un bagno d'acqua, mettici dentro il Sous Vide e impostalo a 140 F. Strofina sale e pepe sulle costine di maiale, mettilo in un sacchetto sottovuoto, fai uscire l'aria e sigillalo. Mettere in acqua e impostare il timer per 1 ora.

Quando il timer si è fermato, rimuovere e aprire il sacchetto. Rimuovere le costine e spennellare con salsa barbecue. Accantonare. Preriscalda la griglia. Quando è caldo, scottare le costole per 5 minuti su tutti i lati. Servire con la vostra scelta di salsa.

Filetto d'acero con mela fritta

Tempo di preparazione + cottura: 2 ore 20 minuti | Porzioni: 4

ingredienti

1 chilo di filetto di maiale

1 cucchiaio di rosmarino fresco, tritato

1 cucchiaio di sciroppo d'acero

1 cucchiaino di pepe nero

Aggiungi sale a piacere

1 cucchiaio di olio d'oliva

1 mela a cubetti

1 scalogno piccolo affettato sottilmente

¼ tazza di brodo vegetale

½ cucchiaino di sidro di mele

Istruzioni

Preparare un bagnomaria e metterci dentro il Sous Vide. Impostare a 135 F. Rimuovere la pelle dal filetto e tagliarla a metà. Unire il rosmarino, lo sciroppo d'acero, il pepe macinato e 1 cucchiaio di sale. Cospargere il filetto. Mettere in un sacchetto sottovuoto. Rilasciare l'aria utilizzando il metodo dello spostamento dell'acqua, chiudere e immergere la busta a bagnomaria. Cuocere per 2 ore.

Quando il timer si ferma, rimuovi il sacchetto e asciugalo. Prenota i succhi di zuppa. Scaldare l'olio d'oliva in una padella a fuoco medio e friggere il filetto per 5 minuti. Accantonare.

Ridurre il fuoco e aggiungere la mela, il rametto di rosmarino e lo scalogno. Condire con sale e friggere per 2-3 minuti fino a doratura. Aggiungi aceto, brodo e succhi di zuppa. Cuocere a fuoco lento per altri 3-5 minuti. Tagliare il filetto a medaglioni e servire con il composto di mele.

Pancia di maiale alla paprika affumicata

Tempo di preparazione + cottura: 24 ore 15 minuti | Porzioni: 8

Ingredienti:

1 chilo di pancetta di maiale
½ cucchiaio di paprika affumicata
½ cucchiaino di aglio in polvere
1 cucchiaino di coriandolo
½ cucchiaino di scaglie di peperoncino
Sale e pepe nero a piacere

Indicazioni:

Preparare un bagnomaria e metterci dentro il Sous Vide. Impostare a 175 F. Unire tutte le spezie in una piccola ciotola e strofinare questa miscela nella pancetta di maiale. Mettere il composto in un sacchetto sottovuoto. Rilasciare l'aria utilizzando il metodo dello spostamento dell'acqua, chiudere e immergere la busta a bagnomaria. Impostare il timer per 24 ore.

A cottura ultimata togliere la busta e trasferire il liquido di cottura in una casseruola e adagiare la pancetta su un piatto. Far sobbollire il liquido di cottura fino a ridurlo della metà. Condire con il maiale e servire.

Maiale Tacos Carnitas

Tempo di preparazione + cottura: 3 ore 10 minuti | Porzioni: 4

Ingredienti:

2 chili di spalla di maiale
3 spicchi d'aglio, tritati
2 foglie di alloro
1 cipolla, tritata
Sale e pepe nero a piacere
Tortillas di mais

Indicazioni:

Preparare un bagnomaria e metterci dentro il Sous Vide. Impostare a 185F.

Nel frattempo, mescolare tutte le spezie e strofinare il composto sulla carne di maiale. Metterlo in un sacchetto sottovuoto con le foglie di alloro, le cipolle e l'aglio. Rilasciare l'aria utilizzando il metodo dello spostamento dell'acqua, chiudere e immergere la busta a bagnomaria. Impostare il timer per 3 ore.

Al termine, trasferisci su un tagliere e sminuzza con 2 forchette. Dividere tra tortillas di mais e servire.

Gustoso maiale con senape e glassa di melassa

Tempo di preparazione + cottura: 4 ore 15 minuti | Porzioni: 6

ingredienti

2 chili di filetto di maiale

1 foglia di alloro

3 once di melassa

½ oz di salsa di soia

½ oz miele

Succo di 2 limoni

2 strisce di scorza di limone

4 cipolle tritate

½ cucchiaino di aglio in polvere

¼ di cucchiaino di senape di Digione

¼ di cucchiaino di pimento macinato

Chips di mais schiacciato da 1 oz

Istruzioni

Preparare un bagnomaria e metterci dentro il Sous Vide. Impostare a 142F.

Mettere il filetto di maiale e la foglia di alloro in un sacchetto sottovuoto. Aggiungere la melassa, la salsa di soia, la scorza di limone, il miele, la cipolla, l'aglio in polvere, la senape e il pimento e agitare bene. Rilasciare l'aria utilizzando il metodo dello spostamento dell'acqua, chiudere e immergere la busta a bagnomaria. Cuocere per 4 ore.

Quando il timer si ferma, rimuovi il sacchetto. Versare il composto rimanente nella pentola e cuocere fino a ebollizione. Servire il maiale con la salsa e cospargere con patatine di mais schiacciate. Guarnire con cipolle verdi.

Collo di maiale arrosto

Tempo di preparazione + cottura: 1 ora e 20 minuti | Porzioni: 8

Ingredienti:

Collo di maiale da 2 libbre, disossato e tagliato in 2 pezzi
4 cucchiai di olio d'oliva
2 cucchiaini di salsa di soia
2 cucchiai di salsa barbecue
½ cucchiaio di zucchero
4 rametti di rosmarino, foglie rimosse
4 rametti di timo, foglie rimosse
2 spicchi d'aglio, tritati
Sale e pepe bianco a piacere
¼ di cucchiaino di scaglie di paprika

Indicazioni:

Fai un bagno d'acqua, mettici dentro il Sous Vide e impostalo a 140 F. Strofina il maiale con sale e pepe. Mettere la carne in due buste separate sottovuoto, far uscire l'aria e sigillarle. Mettere a bagnomaria e impostare il timer per 1 ora.

Quando il timer si ferma, rimuovi e apri i sacchetti. Mescolare il resto degli ingredienti elencati. Preriscalda il forno a 425 F. Metti la carne di maiale in una teglia e strofinala abbondantemente con salsa di soia. Cuocere in forno per 15 minuti. Lascia raffreddare il maiale prima di tagliarlo. Servire con verdure al vapore.

Costolette di maiale

Tempo di preparazione + cottura: 12 ore 10 minuti | Porzioni: 4

Ingredienti:

1 carré di costine di maiale
2 cucchiai di zucchero di canna
½ tazza di salsa barbecue
1 cucchiaio di aglio in polvere
2 cucchiai di paprika
Sale e pepe nero a piacere
1 cucchiaio di cipolla in polvere

Indicazioni:

Preparare un bagnomaria e metterci dentro il Sous Vide. Impostare a 165 F. Mettere la carne di maiale e le spezie in un sacchetto sigillabile sottovuoto. Rilasciare l'aria utilizzando il metodo dello spostamento dell'acqua, chiudere e immergere la busta a bagnomaria. Impostare il timer per 12 ore.

Quando il timer si è fermato, rimuovere le costine dalla busta e spennellarle con salsa barbecue. Avvolgere in un foglio di alluminio e metterlo sotto la griglia per qualche minuto. Servire subito.

Costolette di maiale al timo

Tempo di preparazione + cottura: 70 minuti | Porzioni: 4

Ingredienti:

4 braciole di maiale
2 cucchiaini di timo fresco
1 cucchiaio di olio d'oliva
Sale e pepe nero a piacere

Indicazioni:

Preparare un bagnomaria e metterci dentro il Sous Vide. Impostare su 145 F. Unire carne di maiale e altri ingredienti in un sacchetto sigillabile sottovuoto. Rilasciare l'aria utilizzando il metodo dello spostamento dell'acqua, chiudere e immergere la busta a bagnomaria. Impostare il timer per 60 minuti. Al termine, rimuovere la busta e friggere per alcuni secondi su ciascun lato per servire.

Cotolette di maiale

Tempo di preparazione + cottura: 75 minuti | Porzioni: 6

Ingredienti:

2 chili di macinato di maiale

½ tazza di pangrattato

1 uovo

1 cucchiaino di paprika

Sale e pepe nero a piacere

1 cucchiaio di farina

2 cucchiai di burro

Indicazioni:

Preparare un bagnomaria e metterci dentro il Sous Vide. Impostare a 140 F. Unire carne di maiale, uova, paprika, farina e sale. Formare delle polpette e metterle ciascuna in un piccolo sacchetto sigillabile sottovuoto. Rilasciare l'aria utilizzando il metodo dello spostamento dell'acqua, chiudere e immergere la busta a bagnomaria. Impostare il timer per 60 minuti.

Quando il timer si ferma, rimuovi il sacchetto. Sciogli il burro in una casseruola a fuoco medio. Coprire le cotolette con le briciole e friggere fino a doratura su tutti i lati. Servire e gustare.

Braciole di salvia e sidro

Tempo di preparazione + cottura: 70 minuti | Porzioni: 2

10ingredienti

2 braciole di maiale

1 rametto di rosmarino tritato

Sale e pepe nero a piacere

1 spicchio d'aglio tritato

1 tazza di sidro duro, diviso

1 cucchiaino di salvia

1 cucchiaio di olio vegetale

1 cucchiaio di zucchero

Istruzioni

Preparare un bagnomaria e metterci dentro il Sous Vide. Impostato su 138F.

Mescolare sale, pepe, salvia, rosmarino e aglio in una ciotola. Strofinare le braciole con questa miscela e metterle in un sacchetto sigillabile sottovuoto. Aggiungi 1/4 di tazza di sidro duro. Rilasciare l'aria utilizzando il metodo dello spostamento dell'acqua, chiudere e immergere la busta a bagnomaria. Cuocere per 45 minuti.

Quando hai finito, rimuovi la borsa. Scaldare l'olio in una padella a fuoco medio e friggere le verdure. Aggiungere le costolette e friggere fino a doratura. Lasciare riposare per 5 minuti. Versare i succhi di cottura nella padella insieme a 1 tazza di sidro e zucchero. Continuare a mescolare fino a quando non si scioglie. Per servire, riempire le costolette con la salsa.

Filetto al rosmarino

Tempo di preparazione + cottura: 2 ore 15 minuti | Porzioni: 4

Ingredienti:

1 chilo di filetto di maiale

2 spicchi d'aglio

2 rametti di rosmarino

1 cucchiaio di rosmarino essiccato

Sale e pepe nero a piacere

1 cucchiaio di olio d'oliva

Indicazioni:

Preparare un bagnomaria e metterci dentro il Sous Vide. Impostare a 140 F. Condire la carne con sale, rosmarino e pepe e metterla in un sacchetto sigillabile sottovuoto con una primavera di aglio e rosmarino. Rilasciare l'aria utilizzando il metodo dello spostamento dell'acqua, chiudere e immergere la busta a bagnomaria. Impostare il timer per 2 ore.

Quando il timer si ferma, rimuovi il sacchetto. Scaldare l'olio in una padella a fuoco medio. Friggere la carne per circa 2 minuti su ciascun lato.

Pancetta alla paprika con cipolline

Tempo di preparazione + cottura: 1 ora e 50 minuti | Porzioni: 4

ingredienti

1 chilo di cipolline, sbucciate
4 fette di pancetta, sbriciolate e cotte
1 cucchiaio di timo
1 cucchiaino di paprika

Istruzioni

Preparare un bagnomaria e metterci dentro il Sous Vide. Impostare a 186 F. Mettere la pancetta, le cipolline, il timo e la paprika in un sacchetto sigillabile sottovuoto. Rilasciare l'aria utilizzando il metodo di spostamento dell'acqua, sigillare e immergere il sacchetto nella vasca da bagno. Cuocere per 90 minuti. Al termine, rimuovere la busta ed eliminare i succhi di cottura.

www.ingramcontent.com/pod-product-compliance
Lightning Source LLC
Chambersburg PA
CBHW070417120526
44590CB00014B/1430